Knaur

Von Erich Bauer sind außerdem erschienen:

Der Mondplaner für Liebe, Gesundheit und Beruf
Das astrologische Gesundheitsbuch
Die Kraft der Ahnen. Familienschicksale im Horoskop
Das Reise-Horoskop. Mit den Sternen in den Urlaub (1/04)

Über den Autor:

Erich Bauer, geb. 1942, war viele Jahre in therapeutischen Kliniken als Diplompsychologie und Therapeut tätig. Seit 1980 intensive Beschäftigung mit Astrologie. Studium in Indien und den USA, seit dieser Zeit Anwendung der Astrologie gemeinsam mit psychologischen Methoden.
Erich Bauer ist Chefastrologe der weltweit größten Astrologie-Zeitschrift *»Astrowoche«*, bekannt durch regelmäßige astrologische Beiträge in Zeitschriften, Radio und im Fernsehen und Verfasser zahlreicher Veröffentlichungen über Astrologie und verwandte Themen. Seit vielen Jahren betreibt er eine eigene astrologisch-therapeutische Praxis in München und führt Seminare und Einzelsitzungen zum Thema *»Astrologische Familientherapie«* durch.

Erich Bauer

Steinbock

22. 12. – 20. 1.

Alles über den Steinbock:

Liebe • Gesundheit • Beruf

Illustrationen von Isabella Roth

Knaur

Besuchen Sie uns im Internet:
www.droemer-knaur.de

Originalausgabe 2001

Redaktion: Ralf Lay
Umschlaggestaltung: Zero Werbeagentur, München
Illustrationen: Isabella Roth, Hamburg
Layout und Satz: Sabine Hüttenkofer, München
Druck und Bindung: Clausen & Bosse, Leck
Printed in Germany
ISBN 3-426-77551-4

4 5

Für Anugatha

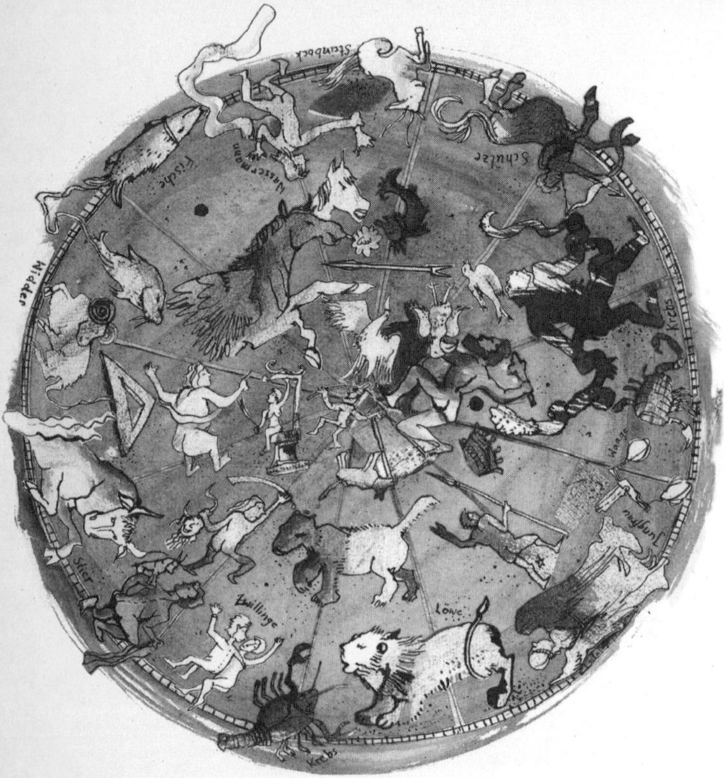

Die Sternzeichen des nördlichen Tierkreises bilden die Grundlage der Astrologie

INHALT

VORWORT

Astrologie ist eine wunderbare Sache.
Sie verbindet den Menschen mit dem Himmel, richtet seinen Blick nach oben in die Unendlichkeit. Vielleicht steckt hinter der Beschäftigung mit Astrologie zutiefst die Sehnsucht nach unserem Ursprung, unserem Zuhause, nach Gott – oder wie immer man das Geheimnisvolle, Unbekannte nennen will.

Astrologie ist uralt und trotzdem hochaktuell.
Die ersten Zeugnisse einer Sternenkunde liegen Tausende von Jahren zurück. Und dennoch ist sie brandneu. Es scheint, als hätte sie nichts von ihrer Faszination eingebüßt. Natürlich hat sich die Art und Weise astrologischer Beschäftigung verändert. Während früher noch der Astrologe persönlich in den Himmel schaute, studiert er heute seinen Computerbildschirm. Damals konnte man nur von einem Kundigen eingeweiht werden, heute finden sich beinahe in jeder Zeitung astrologische Prognosen.

Astrologie ist populär.
Jeder kennt die zwölf Tierkreiszeichen. Man kann eigentlich einen x-beliebigen Menschen auf der Straße ansprechen und ihn nach seiner Meinung befragen: Er weiß fast immer Bescheid, sowohl über sein eigenes Sternzeichen als auch über die meisten anderen. Die zwölf astrologischen Zeichen sind Archetypen, die im Unterbewußtsein ruhen und auf die man jederzeit zurückgreifen kann.

Astrologie schenkt Sicherheit.
Der einzelne findet sich eingebettet in einer gütigen und wohlwollenden Matrix, ist aufgehoben, hat seinen Platz, so wie auch alle anderen ihren Platz haben.

Astrologie kann gefährlich sein.
Sie kann sowohl den Astrologen wie auch seine Klienten dazu verleiten, sich aus der Wirklichkeit auszublenden. Ersterem scheint sie ein schier perfektes System zu liefern: Konstellationen, die sich auf Bruchteile von Sekunden berechnen lassen, blenden und machen

glauben, man habe es mit einer exakten Wissenschaft zu tun. Genau das ist aber falsch. Die Astrologie ist viel eher eine Kunst oder eine Philosophie als eine Naturwissenschaft. Ihre Vorhersagen sind immer nur ungefähr, zeigen eine Möglichkeit, geben aber keine Garantie. Astrologen wie Ratsuchende driften, wenn sie nicht achtgeben, leicht in eine Pseudowelt ab. In ihr ist zwar alles in sich stimmig, allein es fehlt am validen Bezug zur Wirklichkeit.
Ich bin Astrologe aus Passion. Ich lebe in dieser Welt, aber ich weiß auch, daß sie nicht alles offenbart. Ich freue mich, die Gestirne als Freunde zu haben, und glaube, daß ich so mein Schicksal gütig stimme. Das ist eine Hoffnung, kein Wissen.

Ist Astrologie dann ein Religionsersatz?
Vielleicht. Aber genausogut könnte man auch die Religionen als einen Ersatz für Astrologie bezeichnen. Die Sterne waren jedenfalls zuerst da. Ich betrachte die Planeten wie »Götter«. Aber das tue ich nur, um die Würde zum Ausdruck zu bringen, die ihnen meiner Meinung nach zu eigen ist. Ich weiß jedoch auch, daß sie nicht der Weisheit letzter Schluß sind. Dahinter existiert noch etwas Größeres, Mächtigeres, Unfaßbares.
Am meisten begeistert mich, daß mir die Astrologie die Augen geöffnet hat für die Vielfalt des Lebens. Man neigt doch so sehr dazu, die Welt als einen Teil von sich selbst zu erleben, entweder passend oder nicht – richtig oder falsch. Mit Hilfe der Astrologie habe ich erfahren, daß es verschiedene Prinzipien gibt und damit auch ganz verschiedene Menschen.

Ich wünsche Ihnen beim Lesen Spaß, Spannung, etwas Skepsis – und daß Sie sich selbst und andere besser verstehen.

Erich Bauer im Frühjahr 2001

Eine kurze Geschichte der Astrologie

Am Anfang jeder Geschichte der Astrologie steht das Bild des nächtlichen, mit Sternen übersäten Himmels. Der Mensch früherer Zeiten hat ihn sicher anders erlebt als wir. Er wußte nichts von Lichtjahren und galaktischen Nebeln. Er erschaute das Firmament eher vergleichbar einem Kind. Und als Kind der Frühzeit sah er sich nicht, wie wir heute, als getrennt von diesem Himmel, sondern als eins mit ihm. Er fand sich in allem und fand alles in sich. Und er folgte dem Rhythmus dieses großen Ganzen, ähnlich wie ein Kind seiner Mutter folgt. Dabei fühlte er sich wohl getragen und geborgen.

Wann die Menschheit anfing, sich aus diesem Gefühl der Allverbundenheit zu lösen, ist schwer zu sagen. Die überlieferten Zeichen sind rar und rätselhaft. Aber als der Homo sapiens begann, die Sterne zu deuten, war er dem großen Ozean seit Äonen entstiegen, er sah sich und den Himmel längst als getrennte Einheiten. Doch kam es irgendwann dazu, daß der Mensch Beziehungen zwischen den Sternbildern und dem Leben auf der Erde wiederentdeckte, deren Kenntnis er eigentlich schon immer besaß. Beispielsweise erlebte er, daß ein Krieg ausbrach, während am Himmel ein Komet auftauchte und die normale Ordnung der Sterne störte. Oder er empfand großes Glück, während sich am Himmel zwei besonders helle Lichter trafen. Er begann solch auffällige Lichter mit Namen zu versehen: »Helios« beispielsweise – oder »Jupiter«, »Mars« oder »Venus«. Er ging sogar dazu über, bestimmte Sterne als Gruppen (Sternbilder) zusammenzufassen und ihnen Namen zu geben, etwa »Widder« oder »Großer Wagen«. Immer wieder beobachtete er typische Gestirnskonstellationen, die parallel zu markanten Ereignissen auf der Erde auftraten. Nach den Gesetzen der Logik entwickelte er aus diesen Zusammenhängen mit der Zeit eine Wissenschaft, die Astrologie, die ihm zum Beispiel die Schlußfolgerung erlaubte, daß auf der Erde Gefahr droht, wenn Mars in das Tierkreiszeichen Skorpion eintritt. So fand der Mensch allmählich seine verlorene Einheit wieder und baute eine Brücke, die ihn mit seinem Urwissen verband, das er im Inneren seiner Seele aber nie wirklich verloren hatte.

DER URSPRUNG

Die Urheimat der Sternkunde war nach heutigem Erkenntnisstand Mesopotamien, das Land zwischen den Flüssen Euphrat und Tigris, das jetzt Irak heißt. Dort war der menschliche Geist wohl am kühnsten und vollzog als erster endgültig die Trennung zwischen Mensch und Schöpfung. Die Sterne am Himmel bekamen Götternamen, etwa den des Sonnengotts Schamasch und der Göttin Ischtar, die auch als Tochter der Mondgöttin verehrt wurde und die sich als leuchtender Venusstern offenbarte. Da der Mond, die Sonne und einige andere Lichter im Vergleich zu den Fixsternen scheinbar wanderten, nannte man diese Planeten »umherirrende« oder »wilde Schafe« und unterschied sie von den »festgebundenen« oder »zahmen Schafen« – den Fixsternen, die vom Sternbild Orion, dem »guten Hirten«, bewacht wurden. Der größte Planet des Sonnensystems, mit heutigem Namen »Jupiter«, war im Land zwischen den zwei Strömen ein Sinnbild des Schöpfergottes Marduk. Sein Sohn und Begleiter hieß »Nabu« und wurde später zu »Merkur«. Das rötlich funkelnde Gestirn Mars wiederum war die Heimat des Herrn der Waffen, der genauso als Rachegott angesehen wurde. Saturn war ebenfalls bereits entdeckt worden und wurde als eine »müde Sonne« betrachtet. Außerdem galt er als Gott der Gerechtigkeit, Ordnung und Beständigkeit. Gemeinsam mit anderen Göttern erhob sich schließlich der Rat der zwölf Gottheiten, und damit hatten auch die zwölf verschiedenen astrologischen Prinzipien ihren Auftritt. Zu all diesen Erkenntnissen kam man im Zweistromland etwa zwischen dem 7. und 4. vorchristlichen Jahrhundert.
Man hat Tafeln aus dem 2. Jahrhundert vor Christus gefunden, auf denen Beobachtungen über den Lauf von Sonne, Mars und Venus eingezeichnet waren. Auch Zeugnisse von ersten Geburtshoroskopen stammen aus dieser Zeit. Im Jahr 1847 wurden bei den Ruinen von Ninive 25 000 Tontafeln ausgegraben. Man datierte sie ins Jahr 600 vor Christus. Auf einem Teil dieser Tafeln befinden sich Weissagungen, die, mit etwas Zeitgeist aufgefrischt, ohne weiteres der astrologischen Seite einer modernen Tageszeitung entstammen könnten: »Wenn Venus mit ihrem Feuerlicht die Braut des Skorpions beleuchtet, dessen Schwanz dunkel ist und dessen Hörner hell leuchten, so wird Regen und Hochflut das Land verwüsten.«
Das ist eine »professionelle« astrologische Vorhersage. Damit war Spezialistentum an die Stelle einer ganzheitlichen Naturerfahrung getre-

ten. Denn inzwischen hatte nur der fachkundige Astrologe die Zeit und das Wissen, den Himmel zu studieren, um daraus Rückschlüsse auf die Ereignisse im Weltgeschehen zu ziehen. Bald mußte dieser Fachmann auch nicht einmal mehr den Himmel selbst beobachten. Spätestens im 1. Jahrhundert vor Christus gab es Ephemeriden. Das sind Bücher, aus denen die Stellung der Gestirne zu jeder beliebigen Zeit herausgelesen werden kann. Die Astrologie, wie sie auch heute noch betrieben wird, war damit endgültig geboren.

DIE BLÜTE

In den nun folgenden anderthalbtausend Jahren erlebte die Astrologie eine Blütezeit kolossalen Ausmaßes. Dafür steht ein so bedeutender Name wie Claudius Ptolemäus. Er lebte im 2. Jahrhundert nach Christus und vertrat das geozentrische Weltbild mit der Erde im Mittelpunkt, auf das sich die Menschheit nach ihm noch länger als ein Jahrtausend beziehen sollte. Er war Geograph, Mathematiker und ein berühmter Astrologe und Astronom, der das bis in unsere Zeit fast unveränderte Regelwerk der Astrologie, den *Tetrabiblos*, welcher aus vier Büchern besteht, verfaßte. Darin riet er zu einer sorgfältigen Gesamtschau des Geburtshoroskops. Er erwähnte auch, daß man bei der Beurteilung eines Menschen ebenso dessen Milieu und Erziehung berücksichtigen solle, was einer modernen ganzheitlichen psychologischen Betrachtungsweise entspricht.
Eine spätere Berühmtheit in der Geschichte der Astrologie war Philippus Theophrastus Bombastus von Hohenheim (1493–1541), der sich selbst stolz Paracelsus nannte. Er war Arzt, Alchimist sowie Philosoph, und von ihm stammt jener von Astrologen so oft zitierte Satz: »Ein guter Arzt muß immer auch ein guter Astronomus sein.« Dazwischen lebte der Bischof Isidor von Sevilla (560–636). Er schrieb, ein Arzt solle immer auch sternkundig sein. Erwähnt werden muß natürlich die berühmte weibliche Vertreterin einer sternenkundigen Heilkunst, Hildegard von Bingen (1098–1179). Sie war fasziniert von den Analogien zwischen Himmel und Erde, sammelte Kräuter, pflanzte sie im Klostergarten an und schrieb über die Wirkung der Mondphasen. Natürlich war die heilige Hildegard nicht der einzige weibliche astrologisch denkende Mensch. Aber ihr Name sei hier stellvertretend genannt für

all die Frauen, die als Tempelpriesterinnen, Nonnen und angebliche Hexen ihr ganzheitliches Wissen über die Jahrhunderte hinweg weitergegeben haben.
Bis ins 16. Jahrhundert dauerte die Hoch-Zeit der Astrologie. Beinahe alle angesehenen Denker – wie Platon und Aristoteles im Altertum, Naturwissenschaftler wie Nikolaus Kopernikus (1473–1543), Johannes Kepler (1571–1630) und Galileo Galilei (1564–1624) – dachten astrologisch und berechneten auch Horoskope. Am bekanntesten ist das von Kepler angefertigte Horoskop Wallensteins aus dem Jahr 1608. Die Astrologie wurde an den Universitäten gelehrt, und auch viele Bischöfe und einige Päpste förderten die Sternkunde. Wie es heute selbstverständlich ist, daß ein Naturwissenschaftler Einsteins Relativitätstheorie kennt und versteht, so war damals jeder denkende Kopf in der Astrologie bewandert.

DER NIEDERGANG

Bereits Ende des 16. Jahrhunderts hatte die Astrologie ihren guten Ruf in vielen Ländern Europas verloren. Es gab päpstliche Anordnungen wie die Bulle »Constitutio coeli et terrae« von 1586, in der ein Verbot der Astrologie ausgesprochen wurde, und die meisten Universitäten schafften ihren Lehrstuhl für Astrologie ab.
Worauf war dieser rapide Niedergang zurückzuführen? Es gibt sicher zahlreiche Gründe. Der wichtigste ist, daß sich der menschliche Geist von den Fesseln tradierter Vorstellungen zu befreien begann. Er löste sich mit der Reformation von Rom und später mit der Französischen Revolution von seinen königlichen und kaiserlichen »Göttern«. Da war es nur konsequent, sich auch von den »Göttern am Himmel« loszusagen. Der zweite Grund war der, daß sich im Lauf der Zeit grobe Fehler astrologischer Vorhersagen herumsprachen. So hatte es wohl keine Prophezeiung gegeben, die den Dreißigjährigen Krieg oder die Pest rechtzeitig in den Sternen sah. Der dritte Grund wird häufig von den professionellen Astrologen angeführt. Sie behaupten, daß die falschen Propheten, also die unseriösen Astrologen, der wahrhaften Sterndeutekunst das Aus bescherten. Eine Kunst wie die Astrologie lockt natürlich auch faustische Gestalten an, die davon besessen sind, dem Schicksal einen Schritt voraus zu sein. Solche Schwarmgeister

Die 1524 prophezeite Sintflut aufgrund einer Planetenballung im Fischezeichen fand nicht statt

und falsche Propheten haben der Astrologie bestimmt geschadet, besonders auch, weil durch die Erfindung der Buchdruckerkunst jede selbst noch so törichte Prophezeiung in einer hohen Auflage verbreitet werden konnte. Aber den guten Ruf der Astrologie haben letztlich auch sie nicht ruiniert.

Nein, es waren die Astrologen selbst. Als im 16. und 17. Jahrhundert durch immer neue Entdeckungen die Erde ihre zentrale Stellung verlor und sich ein völlig neues naturwissenschaftliches Verständnis durchsetzte, versuchte die Astrologie mitzuhalten und verlor wegen ihrer unhaltbaren Thesen jeden Kredit in den gelehrten Kreisen. Schon Kepler, der seiner Zeit um Jahrzehnte voraus war, hatte die Astrologen gewarnt und ihnen geraten, ihre Kunst nicht auf einen naturwissenschaftlichen, sondern auf einen philosophischen Boden zu stellen. Er sagte, es sei unmöglich, zu denken, daß die Sterne mittels irgendwelcher Strahlungen die menschliche Seele berühren könnten. Er sprach in diesem Zusammenhang von einem astrologischen Instinkt, der im menschlichen Geist verankert sei. Aber sein »psychologischer Ansatz« wurde überhört und ging schließlich völlig unter. Die Astrologen sahen sich im Gegenteil dazu veranlaßt, immer hanebüchenere »wissenschaftliche« Thesen aufzustellen. Die Folge war ein gewaltiges Gelächter der gesamten gelehrten Welt im 17. Jahrhundert, das bis heute noch nicht verklungen ist.

DER NEUBEGINN

Erst im 19. und dann besonders im 20. Jahrhundert besann sich der Mensch wieder vermehrt seiner fernen Vergangenheit. Der Schweizer Psychoanalytiker C. G. Jung etwa sagte, daß die Astrologen endlich darangehen müßten, ihre Projektionen, die sie vor Jahrtausenden an den Himmel geworfen hätten, wieder auf die Erde zurückzuholen. In jeder menschlichen Seele seien die Kräfte der astrologischen Archetypen, der archaischen Urbilder, enthalten und dort wirksam. So wird der Raum am Himmel mit den Zeichen und Planeten zu einer Landkarte menschlicher Anschauung. Dabei ist es nicht so, daß zum Beispiel der Planet Mars die Geschicke *bestimmt*, sondern er *zeigt* durch seine Position den Gesetzen der Analogie folgend *auf*, was in der menschlichen Seele vor sich geht.

Nach seiner jahrtausendelangen Reise heraus aus der Allverbundenheit hat der Mensch also begonnen, den Bezug zu seinen Ursprüngen wiederherzustellen. Er besinnt sich als kritischer und freier Geist darauf, was schon immer in ihm vorhanden war. Damit beginnt die Ära einer psychologischen oder philosophischen Astrologie. Und das ist auch die Geburtsstunde einer Astrologie, die ganzheitlich denkt und arbeitet.
In etwa parallel zu dieser allmählichen Hinwendung zur Psychologie und Philosophie übernahmen Computer mit entsprechender Software den komplexen Rechenvorgang zur Erstellung eines Geburtshoroskops. Bis vor vielleicht zehn, zwanzig Jahren gehörte es zum Standardkönnen eines jeden Astrologen, Horoskope zu berechnen und zu zeichnen. Dies ist sehr wahrscheinlich einer der Gründe, warum Frauen unter den Sterndeutern damals deutlich in der Minderzahl waren. Es ist einfach nicht ihr Metier, sich mit trockenen Zahlen und komplizierten Berechnungen herumzuschlagen, wo es doch um seelische Vorgänge geht – und diese Feststellung ist in keiner Weise abwertend gemeint, denn heute sind Frauen unter den Astrologen bei weitem in der Überzahl.
Der PC spuckt nach Eingabe von Name, Geburtsdatum, -ort und -zeit in Sekundenschnelle das Horoskop aus. Die astrologische Kunst scheint jetzt »nur« noch darin zu bestehen, die Konstellationen richtig zu deuten. Und auch hier ersetzt der Computer mehr und mehr den Astrologen. Es gibt schon seit einigen Jahren Programme, die mit entsprechenden Textbausteinen zu bemerkenswert treffenden Aussagen kommen. Ist dies nun das Ende der Sterndeuter? Ich meine: im Gegenteil! Überlassen wir dem »Computer-Astrologen« ruhig die Grundarbeit. Das spart Zeit. Dafür kann der »Mensch-Astrologe« die einzelnen Fakten im Sinne einer ganzheitlichen Schau zusammentragen und sich völlig dem Verständnis der einmaligen, individuellen Persönlichkeit widmen. Ebendafür ist ein großes Maß an Intuition, die ja gerade eine weibliche Stärke ist, mit Sicherheit von Vorteil.

Teil I DAS TIERKREISZEICHEN

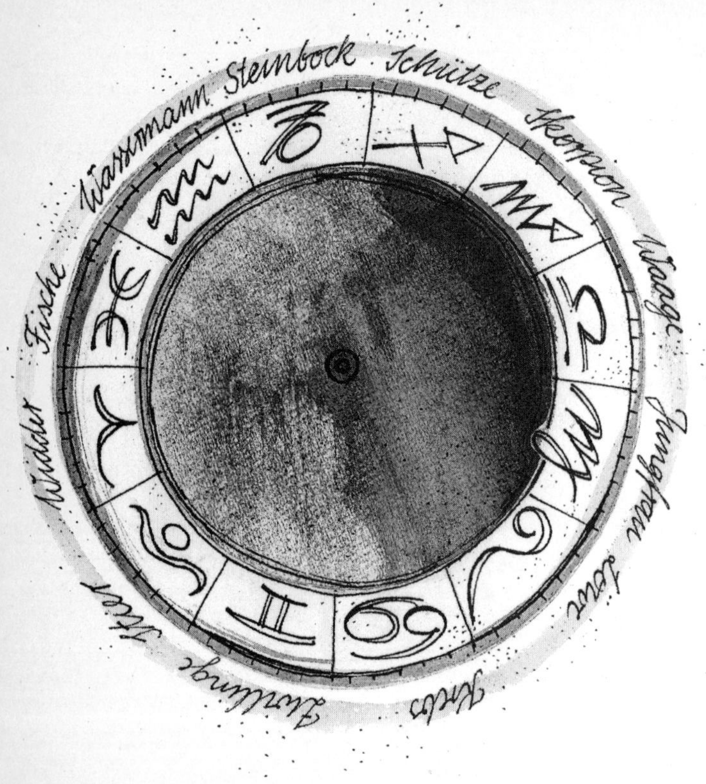

Der astrologische Tierkreis besteht aus zwölf Tierkreiszeichen

WAS IST EIGENTLICH EIN TIERKREISZEICHEN?

Die Erde dreht sich bekanntlich einmal im Jahr um die Sonne. Von uns aus gesehen, scheint es aber so zu sein, daß die Sonne eine kreisförmige Bahn um die Erde beschreibt. Der Astrologie wird vielfach vorgeworfen, sie ignoriere diesen grundlegenden Unterschied. In Wirklichkeit ist er für die astrologischen Berechnungen und Horoskopdeutungen jedoch nicht von Bedeutung.
Diesen in den Himmel projizierten Kreis nennt man »Ekliptik«. Die Ekliptik wird in zwölf gleich große Abschnitte gegliedert, denen die Namen der zwölf Tierkreiszeichen zugeordnet sind. Zwischen dem 22. Dezember und 20. Januar durchläuft die Sonne gerade den Abschnitt Steinbock, weswegen dieses Tierkreiszeichen auch Ihr »Sonnenzeichen« genannt wird.
Jedes Tierkreiszeichen symbolisiert bestimmte Charaktereigenschaften und Verhaltensweisen, die mehr oder weniger typisch für die in dem betreffendem Zeitraum geborenen Menschen sind. Wie schon im Vorwort angedeutet wurde, handelt es sich bei diesen Archetypen allerdings nur um *einen* Aspekt der Persönlichkeit, der durch die Aussagen ergänzt bzw. beeinflußt wird, die sich von dem individuellen Aszendenten und der Tierkreiszeichen-Stellung der anderen Planeten zum Zeitpunkt der Geburt herleiten (dazu später mehr). Für ein wirklich aussagekräftiges Horoskop müssen Sie also auch die übrigen Konstellationen berücksichtigen und sie zu Ihrem Sonnenzeichen in Beziehung setzen.
Ebenso wie der Kreislauf des Jahres wird die Bahn, welche die Sonne an einem Tag scheinbar um die Erde zurücklegt, in zwölf Abschnitte gegliedert. So können etwa Ihr Aszendent und damit der Anfang des ersten Hauses sowie die Mondposition gefunden werden.
In diesem Buch werden nicht alle, aber die wichtigsten Horoskopfaktoren sowie ihre Ermittlung und Bedeutung besprochen. Wenn Sie darüber hinausgehende Informationen wünschen, finden Sie eine Fülle spezieller Fachliteratur dazu. Die genauen Gestirnspositionen zum Zeitpunkt Ihrer Geburt können Sie zum Beispiel den vom Computer errechneten Horoskopzeichnungen entnehmen, die inzwischen von vielen Anbietern verschickt werden (siehe auch die Info am Ende des Buches).
Doch beginnen wir jetzt mit der Betrachtung Ihres Sonnenzeichens, um zunächst einmal herauszufinden, was denn nun »typisch Steinbock« ist.

Tierkreiszeichen Steinbock – DER HINTERGRUND

Das Symbol des astrologischen Tierkreises, bestehend aus den zwölf Urprinzipien oder Archetypen, ist ein in sich stimmiges und geordnetes Ganzes. Zum einen folgen die einzelnen Abschnitte einander wie Entwicklungsstufen, bauen aufeinander auf, beinhalten die Essenz aller vorhergehenden und bereiten die nachfolgenden Zeichen vor. Zum anderen spiegelt die Lage der einzelnen Zeichen selbst bereits bestimmte Prinzipien und ermöglicht Schlußfolgerungen. So symbolisiert die linke Seite des Kreises das Ich, die rechte das Du. Der Tierkreis beginnt auch auf der linken Seite, beim Zeichen Widder, dem »ichhaftesten« Zeichen überhaupt. Ihm gegenüber liegt auf der rechten Seite das Zeichen, welches das Du und das Außen repräsentiert, nämlich die Waage.

Im astrologischen Tierkreis oder Zodiakus gibt es ebenso ein Oben und Unten, und auch diese Positionen sagen bereits durch ihre Lage etwas Bedeutsames aus. So symbolisiert das vierte Zeichen, das sich an der untersten Stelle des Tierkreises befindet, der Krebs, tatsächlich auch so etwas wie einen tiefen inneren, ganz persönlichen und intimen Bereich. Der oberste Punkt wiederum, das zehnte Zeichen, der Steinbock, versinnbildlicht entsprechend ein übergeordnetes Prinzip: über den Dingen stehen, sie von oben herab betrachten, Distanz einnehmen, dirigieren, kontrollieren und leiten. Das alles sind Eigenschaften, die wesentliche Züge von Menschen widerspiegeln, die im Zeichen des Steinbocks geboren sind.

ES ZIEHT SIE HINAUF

Von Steinböcken, und jetzt sind die Tiere der Bergwelt gemeint, weiß man, daß sie ein innerer Antrieb immer nach oben zieht. Sie halten sich oft jenseits der Baumgrenze auf und nähern sich nur im Winter den Tälern. Diese optimale Distanz zur Welt drunten schenkt ihnen Schutz und Sicherheit. Genau dies ist auch das Geheimnis von Steinbockmenschen: Sie drängen hinauf, weil sie sich oben sicherer fühlen. Es entspricht ihrer Natur. Im Grunde können sie gar nicht anders.

Ein wichtiger Aspekt ist, daß Steinbocktiere für das harte Leben an der Schneegrenze die besten Voraussetzungen aufweisen. Sie sind besonders widerstandsfähig gegen Kälte und Wind und extreme Futterverwerter, die sogar von Flechten leben können. Mit einem Satz: Sie sind mit äußerst wenig zufrieden. Steinbockmenschen besitzen im übertragenen Sinn die gleichen Fähigkeiten: Sie sind genügsam und widerstandsfähig. Oben zu sein entspricht einem tiefen Bedürfnis nach Eigenständigkeit, nach einem eigenen Platz und nach Selbstbestimmung. Im Grunde zieht es typische Steinböcke hinauf, weil ihnen die »dünnere Luft« in der Höhe, welche von den meisten anderen Menschen gemieden wird, besser bekommt.

Steinböcke kommen bereits mit den Fähigkeiten zur Welt, unter schwierigen Bedingungen zu überleben. Aus meiner psychotherapeutischen Praxis weiß ich, daß viele Steinböcke in Familien hineingeboren werden, in denen das Leben hart und karg ist. Ich denke beispielsweise an

Klienten, die das zehnte, elfte oder einmal sogar sechzehnte Kind gewesen waren: Da wird der Lebensraum knapp, und man muß vom ersten Atemzug an um Privilegien kämpfen, bzw. man muß als Ältere(r) schon früh Verantwortung übernehmen. Auch in extrem kargen Verhältnissen kommen Steinböcke zur Welt, zum Beispiel, wenn Vater und Mutter gemeinsam den Lebensunterhalt verdienen müssen und sich daher wenig um ihr Kind kümmern können. Steinböcke wachsen häufig bei Großeltern auf. Sie orientieren sich dann sehr früh am Alter und wirken schließlich selbst häufig frühreif, altklug und älter.
Grundsätzlich läßt sich sagen, daß die Herkunftsfamilie eines Steinbocks dazu tendiert, von ihm, dem heranwachsenden Kind, zu erwarten, daß es sehr früh selbständig ist. Spaßeshalber sage ich manchmal, daß Steinbockkinder schon sauber auf die Welt kommen. Sicher ist, daß dieser Nachwuchs im Regelfall weniger schreit, gesitteter ißt, früher sauber wird, laufen lernt und überhaupt alle Anzeichen eines »kleinen Erwachsenen« aufweist.
Ich denke in diesem Zusammenhang an einen Schweizer Steinbock, der in einer astrologischen Beratung sein Schicksal als kleiner Junge erzählte: Er könne sich noch ganz genau daran erinnern, sagte er, daß er als Dreijähriger morgens bei Sonnenaufgang von seinen Eltern aus dem Haus geschickt wurde, um zum Hof seiner Großeltern zu laufen. Dieser Weg zog sich gut eine Stunde hin und führte an steilen Berghängen vorbei. Täglich zweimal machte dieser kleine Mann seinen Weg, allein mit sich und den Bergen. Ist das nicht eine wahrhafte Einstimmung auf ein Leben als Steinbock?
Berti Vogts, der ehemalige Trainer der deutschen Fußballnationalmannschaft, ist ein Steinbock. In einer Talk-Show mit Alfred Biolek verriet er einst, wie hart seine Jugend war und wie er nur durch eiserne Disziplin seinen Weg schaffte: »Ich habe mir meinen ersten Fußball als kleiner Junge buchstäblich vom Mund abgespart«, sagte er, »und um Fußball spielen zu können, stand ich manchmal schon um fünf Uhr auf und trainierte, weil ich um sieben Uhr zur Arbeit mußte ...« Wie sehr für Berti Vogts das Zuverlässige und Bewährte zur Norm geworden ist, zeigte sich sowohl in seiner Strategie, die vor allem auf Sicherheit und Einüben von Standardsituationen aufbaute, als auch in der Mannschaftszusammenstellung selbst. Zur Weltmeisterschaft 1998 in Frankreich fuhr er beispielsweise mit 31 Spielern. Davon waren fünfzehn, also beinah die Hälfte, Erdzeichen, denen man ja besondere Zuverlässigkeit, Ausdauer und Selbstkontrolle nach-

sagt (sechs Stiere, fünf Jungfrauen und vier Steinböcke). Das entspricht der doppelten Anzahl dessen, was man nach dem Zufallsprinzip erwarten würde. Der (passende) Kommentar der *Bild-Zeitung*: »Schluß mit dem Diesel! Jetzt reicht's, Berti! Tank endlich Super!«
Noch viel kennzeichnender als materieller Notstand in der Ursprungsfamilie ist allerdings emotionale Not. Steinböcke kommen in Familien zur Welt, in denen der normale Gefühlsfluß gestört ist. Die Eltern haben sich zum Beispiel nur aus gegenseitigem Pflichtgefühl heraus geheiratet und auch noch aus ebendiesem Grund ein Kind bekommen. Da fehlt dann die emotionale Wärme, die durch Pflichtgefühle zu ersetzen versucht wird. Entsprechend lernt das Kind von Anfang an, auch die eigenen Gefühle einem höheren Prinzip, einer Moral, einer Ethik, einem Gesetz, zu unterstellen – so wie es die Eltern bei seiner Geburt getan haben.
Es kommen ebenso häufig Steinbockkinder in Familien zur Welt, bei denen sich der Vater lieber eine Abtreibung gewünscht hätte, dann aber aufgrund moralischer bzw. gesellschaftlicher Normvorstellungen von diesem Vorhaben abgerückt ist. Auch hier war nicht die Liebe des Vaters letztlich Anlaß für die Existenz des Sprößlings, sondern eine sittliche Forderung. Das Kind entwickelt dann häufig eine entsprechende Einstellung zum Leben und disqualifiziert Gefühle und Liebe ebenfalls als untergeordnete Prinzipien.
Dies bedeutet freilich nicht, daß ein Steinbock keine Gefühle hätte. Aber er ordnet sie anderen Prinzipien unter, kann sie aufschieben, wenn der Zeitpunkt, sie zu leben, gerade ungünstig ist, und sie auch völlig verdrängen, sofern es opportun scheint.
Die Fähigkeit, Gefühle einer Kontrolle und Verarbeitung zu unterstellen, besitzt grundsätzlich jeder Mensch, gleich, unter welchem Tierkreiszeichen er auf die Welt gekommen ist. Die Psychologie nennt diesen Prozeß »Sublimierung« und hält ihn für unerläßlich bei der Reifung und Entwicklung zum verantwortlichen Erwachsenen. Steinböcke sind darin allerdings eindeutig die Meister. Und das ist einer der Gründe, warum sie erfolgreich sind und Karriere machen: Sie können sich besser kontrollieren und lassen sich nicht so leicht ablenken.
Es gibt allerdings noch ein Thema bezüglich seiner Herkunft, das sich in Extremfällen hinter der Geburt besonders eines Steinbockkindes verbergen kann: In Familien, in denen das männliche Prinzip unzuverlässig oder gar unzurechnungsfähig ist, erhält das heranwachsende Kind den Schutz dieses Tierkreiszeichens. Ich habe immer wieder

erfahren, daß Steinbockkinder in solchen Familien zur Welt kommen, in denen chaotische bzw. inzestuöse Verhältnisse herrschten. Ich denke beispielsweise an eine Steinbockfrau, deren Mutter zugleich ihre Schwester war. Anders gesagt: Ihr eigener Vater hatte ihre größere Schwester geschwängert. Ich denke auch an einen italienischen Steinbock, dessen Großvater sowohl mit seiner Frau als auch mit deren Schwester jeweils fünf Kinder zeugte. Da die beiden Schwestern teilweise zur selben Zeit Kinder bekamen, läßt sich für einige dieser Kinder, unter anderem auch für den Vater meines Bekannten, nicht einmal einwandfrei sagen, wer genau die Mutter ist. Und ich habe die Situation eines Mannes vor Augen, der als Kind erlebte, wie seine Mutter und seine zwölfjährige Schwester von einem ganzen Trupp von Soldaten vergewaltigt wurden.

Alle diese Menschen brauchten als Kind das Prinzip des Steinbocks als Schutz gegen eine chaotische, unberechenbare und unzuverlässige Welt. Mit Hilfe des Steinbockprinzips waren sie in der Lage, ihre Gefühle »einzufrieren« und sie so daran zu hindern, das Bewußtsein mit Schmerzen, Wut, Trauer oder Unklarheit über die eigene Herkunft zu überschwemmen. Ähnlich wie in der Geschichte à la Münchhausen, wo bei eisiger Kälte die Töne in einer Trompete einfrieren, im Warmen auftauen und dann erklingen, als würde soeben jemand auf dem Instrument spielen, so ist glücklicherweise manchmal eine Therapie in der Lage, die zurückgehaltenen Gefühle zu befreien, die sich dann wie in einem See von Tränen ergießen.

Auch wenn beileibe nicht alle Steinböcke derart Chaotisches und Schreckliches in ihrem Inneren bewahren, um sich davor zu schützen, verhält es sich dennoch so, daß wohl jeder von ihnen mit einer mehr oder weniger großen Portion »eingefrorener Gefühle« durch die Gegend läuft. Es erleichtert sie in der Regel ungemein, wenn sie etwa durch eine Therapie einen Weg finden, sich davon zu befreien.

Der griechische Mythos, der sich um Saturnus und die Geburt seines Sohnes Zeus/Jupiter rankt, spiegelt versteckt, aber, wie ich meine, sehr treffend dieses Thema wider: Saturnus gilt in der Astrologie als Herrscher des Steinbockzeichens, er repräsentiert damit dieses Prinzip und trägt es als Planet Saturn durch den Tierkreis. Der Mythos besagt, daß Saturnus oder – wie ihn die Griechen nannten – Kronos alle seine Nachkommen (außer Jupiter/Zeus) auffraß, weil er befürchtete, daß eines seiner Kinder ihn dereinst vom Thron stoßen werde (siehe auch die einleitenden Worte im Kapitel »Das Jupiterhoroskop ...«). Das Op-

fern (»Auffressen«) der eigenen Kinder ist natürlich ein symbolischer Ausdruck dafür, seine tiefsten und innersten Gefühle zu opfern.
Steinböcke sind in ganz besonderer Weise dazu angehalten, ein Leben zu führen, in dem Gefühle aufgearbeitet, man kann auch sagen »aufgefressen« und sublimiert werden. Denn aus der Sicht des astrologischen Tierkreises überragt das zehnte Zeichen Steinbock alle anderen – sogar die Liebe. Die Ordnung geht vor, sagt der Steinbock, und er »frißt« seine Gefühle.
Im Fall des »Steinbockvertreters« Saturnus/Kronos allerdings findet durch die Geburt seines Sohnes Zeus/Jupiter eine unerwartete Wende statt: Seine Schwester und Gemahlin Rhea war dem Mythos zufolge offensichtlich dermaßen erzürnt über den Egoismus ihres Mannes/Bruders, daß sie sein Kind vor ihm versteckte und ihrem brüderlichen Gatten dafür einen in Windeln gewickelten Stein überreichte, den dieser anstelle des vermeintlichen späteren Göttervaters sofort verschlang. Zieht man eine schlüssige Lehre aus dieser Symbolik, könnte man somit auch sagen, daß man als Kind Saturn nur überlebt, wenn man sich in einen Stein verwandelt.

Der Steinbock betrachtet die Dinge von oben herab

VIEL TADEL, WENIG LOB – UND REGELN SIND DAS HALBE LEBEN

Was Steinböcke in der Regel zuwenig erfahren, sowohl als Kinder wie auch später als Erwachsene, ist Liebe, Zuwendung und Anerkennung. Insbesondere der Vater eines typischen Steinbockgeborenen vertritt anscheinend das Prinzip, daß Liebe und Lob »den Charakter verderben«, das heißt nachgiebig, willenlos und schwach machen. Er mag dafür die verschiedensten »Gründe« haben, zum Beispiel wird er meinen, eine gewisse Härte sei für den späteren Überlebenskampf einfach notwendig. Wahrscheinlicher aber ist, daß der Vater über diesen Weg den Gefühlen – seinen eigenen und denen des Kindes – aus dem Weg gehen möchte. Später dann haben auch typische Steinböcke dieses Prinzip verinnerlicht und sind sehr sparsam mit Liebe und Lob, großzügig hingegen mit Tadel und Kritik.
Wer zum Beispiel einen Steinbock als Chef hat, muß damit rechnen, daß über dessen Lippen, selbst wenn alles bestens erledigt ist, allenfalls ein »Mh, ganz gut ...!« kommt. Hingegen kann man sicher sein, daß jeder Fehler gnadenlos aufgedeckt wird. (Nebenbei bemerkt: Ein Steinbockchef verkörpert daher eine harte Schule. Das Gute daran ist, daß man *wirklich* etwas lernen kann; man wächst über sich selbst hinaus!)
Ich erinnere mich beispielsweise an eine Familiensitzung. Es ging dabei um die Beziehung zwischen Sohn und Vater. Der Vater war Steinbock, der Sohn Krebs. Im Lauf der Sitzung spitzte sich der Konflikt zwischen beiden zu. Der Sohn warf seinem Vater vor, er habe ihn nie geliebt oder ihm gezeigt, daß er glücklich über ihn und stolz auf ihn sei (der Sohn war in der Zwischenzeit Universitätsprofessor geworden). Dann begann der Sohn mit seinen 34 Jahren zu weinen. Der Vater war sichtlich gerührt, konnte sich aber lange nicht artikulieren. Schließlich stammelte er, selbst den Tränen nahe: »Natürlich habe ich dich immer geliebt, natürlich bin ich unendlich stolz auf dich, aber ich konnte dies alles nicht sagen, es ist einfach nicht meine Art ...!«
Ja, es ist nicht ihre Art, daran muß man sich bei Steinböcken gewöhnen. Liebe und Anerkennung werden selten deutlich ausgesprochen. Dafür kann man sich darauf verlassen, daß es, wenn es denn doch einmal geschieht, um ein Vielfaches mehr zählt als von jedem anderen ...
Natürlich erfüllt sich das Schicksal eines Steinbocks nicht darin, egoistisch und kalt zu werden, seine eigenen Gefühle »aufzufressen«, um

sie somit nicht mehr zu spüren. Das sind nur Bilder, die allerdings sehr häufig mißverstanden werden und zu einer extrem negativen Wertung von Saturnus und damit dem Zeichen Steinbock führen.
Wenn Sie ein Steinbock sind, kennen Sie die dummen und ärgerlichen Zuweisungen, die man Ihnen auf Zuckerstückchenpapier oder sonstigen »astrologischen« Ergüssen präsentiert: egoistisch, kalt, ehrgeizig, gefühlsunterdrückend, kritisch, mißtrauisch ... Natürlich ist das nicht Ihre Wirklichkeit!
Hinter der Tatsache, daß Sie bereits von Kind auf gelernt haben, Ihre Gefühle zu kontrollieren, steckt letzten Endes ein kolossal erhabenes Ziel, nämlich zu überleben – und das allerdings gerade nicht als egoistisches Wesen, das nur seiner persönlichen Selbstverwirklichung nachhängt. Aus der Perspektive des allen anderen übergeordneten Zeichens Steinbock gilt das einzelne, Singuläre wenig, so wie auch beim Blick vom Berg das einzelne unbedeutend wird. Aus seiner Sicht ist gerade derjenige egoistisch, der seinen Gefühlen, Trieben und Wünschen folgt und nicht das Wohlergehen aller wahrnimmt. Der Steinbock leistet einen persönlichen Verzicht für einen größeren, umfassenderen Gewinn. Er hat immer das Zusammenleben aller im Blick, die Gemeinschaft, die Gesellschaft, die Menschheit – das Leben »als Ganzes«.
Falls Sie ein typischer Steinbock sind, dann ist Ihnen sicherlich ein Satz sehr vertraut, nämlich: »Wenn das alle machen würden ...!« Und genau das ist der Kern der Steinbockphilosophie, die Sie von Kind auf lernen mußten, nämlich all Ihr Tun auf Allgemeinverbindlichkeit hin auszurichten. Dies zu realisieren ist, schlichtweg, Ihre Aufgabe in dieser Welt. Andere Tierkreiszeichen wie zum Beispiel Widder, Stiere, Zwillinge oder Krebse denken – simplifiziert bzw. idealtypisch gesprochen – nur an sich und bestenfalls an die Menschen, die ihnen lieb und wert sind. Als Steinbock müssen Sie jedoch stets das Ganze vor Augen haben, ob es Ihnen paßt oder nicht. Sie stehen sozusagen immer in der Öffentlichkeit, selbst wenn tatsächlich weit und breit keine Menschenseele zu sehen ist.
Ihr eigentliches Ziel liegt aber noch höher. Steinböcke sind dem Thema der Vergänglichkeit sehr nahe. Als Winterzeichen ist ihnen sozusagen nicht die Fülle und Lebendigkeit des Sommers, sondern die Kargheit des Winters und die Nähe zum Tod in die Wiege gelegt – und damit die Gewißheit, wie unbedeutend der einzelne ist. Das Leben, die Gefühle – all dies ist flüchtig, nur ein Atemzug der Zeit ...! Ihr inner-

ster und tiefster Wunsch ist es, über die Vergänglichkeit hinauszuwachsen. Darin liegt der tiefste Grund, warum sie »ihre Gefühle fressen«. Sie erhoffen sich davon Dauer, Bleibendes, letztlich Unsterblichkeit.
Auch der Skorpion beschäftigt sich mit dem Thema »Unsterblichkeit«. Seine Antwort auf das individuelle Sterben ist, neues Leben zu kreieren. Der Steinbock wählt einen anderen Weg, er reduziert sich selbst zum Moment im Ganzen, er gerinnt zur Form und Struktur, wird zum Atom der Ewigkeit.
Ein passendes Bild ist Wasser, das sich zum Eiskristall verwandelt. Noch sinnbildlicher ist die Parallele der Entstehung von Edelsteinen: Über ewige Zeiten hinweg wächst ein Kristall, ein natürliches Wunderwerk geheimnisvoller Architektur. Auch der Diamant gilt daher von alters her als Symbol steinböckischer Suche – als Stein der Wahrheit und Erleuchtung. »Vergeistigung, Reifung, Erhabenheit, Wahrheit, Erleuchtung« – das sind daher die richtigen Stichworte, die dem Wesen eines typischen entwickelten Steinbockgeborenen entsprechen.
Im Babylonischen entsprach dem Steinbock der »Ziegenfisch«. Man sieht das Symbol zuweilen noch auf alten Abbildungen: ein Fabelwesen mit dem Kopf einer Ziege und dem Schwanz eines Fisches. Diese Metapher – der Fischschwanz steht für Wasser und damit Gefühle, der Ziegenkopf für Festigkeit und Dauer – spiegelt treffend das Streben des Steinbockmenschen.
Es gibt Steinbockgeborene, die ihr Naturell ohne Wenn und Aber vertreten. Sie sehen ein Auto, das auf dem Bürgersteig parkt, und sprechen den Fahrer sofort und unverblümt wegen seiner Ordnungswidrigkeit an. Manche Steinböcke ergreifen sogar einen Beruf, mit dem sie Ordnung und Gesetz Genüge tun können: Polizist, Staatsanwalt, Politiker zum Beispiel. Derartige Menschen kommen allerdings selten in die Praxis eines psychologischen Astrologen, denn aus ihrer Sicht wäre dies ein Eingeständnis, daß sie mit ihrem Latein am Ende wären – eine für richtige Steinböcke nahezu unmögliche Vorstellung. Ich kenne daher wenige Vertreter dieses Tierkreiszeichens: einen Schiedsrichter, zwei Politiker, zwei Hundezüchter, einen Pferdedresseur, drei Literaturrezensenten.
Ich kenne allerdings viele Steinböcke, die ihr regelndes und kontrollierendes Prinzip etwas sublimer, manchmal beinah unmerklich ausleben. Ein Beispiel: Ein Steinbockmann und seine Partnerin wohnen

seit zehn Jahren zusammen. Sie ist eine Löwin, ein Mensch also, der von Moment zu Moment lebt und von daher für Ordnung und Kontrolle nun rein gar nichts übrig hat. Der Steinbock liebt seine Frau über alle Maßen, weshalb er ihr keine Vorwürfe machen möchte, wenn sie seiner Meinung nach unordentlich ist. Beispielsweise verlegt sie grundsätzlich ihren Wohnungsschlüssel. Ihr Steinbockfreund zimmerte ihr daher einen kleinen Holzkasten mit Schlüsselhaken, den er neben der Tür postierte, so daß sie den Schlüssel beim Hereinkommen sofort dort ablegen konnte. Aber sie übersah diesen Kasten bald. Daraufhin brachte er – immer noch überzeugt, daß er seiner Partnerin doch nur Gutes tun würde – ein großes Schild an der Tür an mit der Aufschrift: »Bitte hänge mich hierher, Dein Schlüssel!« Da wurde sie allerdings wild und warf ihm vor, daß er sie zu kontrollieren versuche ...

Andere Steinböcke hängen Zettel an die Lichtschalter mit der Aufschrift: »Bitte lösch mich!« Oder sie kleben »Merkerchen« an die Windschutzscheibe ihres Autos (für ihre Frau gedacht): »Bitte laß das Licht im Auto nicht brennen!« Ich kenne einen anderen Steinbock, der etwas Ähnliches anstellte, indem er seiner Gattin, die den Führerschein neu erworben hatte, ein Merkblatt zusammenstellte, worauf er genau aufführte, was sie alles zu berücksichtigen habe, um ohne Schaden Auto zu fahren: Auch das ist eine Kontrolle. Ich weiß von einem weiteren Steinbock, der seine Salz- und Zuckerdose mit den Initialen S und Z versah, nachdem er zweimal Salz in den Kaffee gestreut hatte.

Keine Frage, durch ihre Umsicht erleichtern Steinböcke das Zusammenleben ungemein. Verkehrsregeln und -zeichen beispielsweise ermöglichen erst, daß sich zur gleichen Zeit dermaßen viele Menschen im öffentlichen Straßenverkehr bewegen können. Es wäre undenkbar, wenn an jeder Kreuzung immer wieder neu entschieden werden müßte, wer denn nun diesmal Vorfahrt hat. Aber der Steinbock muß lernen, daß man auch alles übertreiben kann. Eine gewisse Reibung im Zusammenleben ist durchaus wünschenswert und positiv. Der Zufall gehört einfach genauso zum Leben wie die Planung. Und wo es um Gefühle geht, sind »Verkehrsschilder« und Ähnliches völlig fehl am Platz.

Liebe, Sex UND PARTNERSCHAFT

Die Liebe mit einem Steinbock kann recht gemütlich sein

Entsprechend seiner Philosophie, daß das Leben ein Aufstieg, eine Wertesteigerung im Sinne persönlicher Vervollkommnung darstellt, läßt sich ein Steinbock bewußt oder unbewußt bei seiner Partnerwahl davon leiten, sein Leben durch einen geeigneten Co. zu bereichern und zu verbessern. Er kann gar nicht anders, es ist in ihn gelegt, und jeder Versuch, aus dieser Regel auszubrechen, ist zum Scheitern verurteilt. Mit anderen Worten: Wer bei einem Steinbock landen will, muß irgend etwas haben, was ein bißchen besser oder mehr ist – ein wenig mehr Geld, etwas mehr Grundbesitz, ein höherer akademischer Grad, aus einer angeseheneren Familie stammen, ein bekannterer Künstler sein oder anderweitig zeigen, daß er bzw. sie eines Steinbocks würdig ist.

Natürlich spricht es heute kaum jemand mehr aus, aber wenn man therapeutisch arbeitet und tiefere Schichten berührt, taucht irgendwann der Sachverhalt auf, daß der Steinbock durch eine Ehe eine Art Veredelung anstrebt. Diese Einstellung ist dem Steinbock nicht nur nicht bewußt, sondern kommt ihm – spricht man ihn darauf an – völlig absurd vor. Ich denke beispielsweise an eine Steinbockfrau, die mit verschiedenen Männern ein Kind zu bekommen versuchte. Sie war einmal verheiratet und zweimal fest liiert, alle Versuche mißlangen. Sie suchte einen Arzt auf, und dieser fand keinen rechten Grund für das Problem und riet ihr zu einer künstlichen Befruchtung, was sie aber ablehnte. Diese Frau war eine Feministin und links orientiert. Die Vorstellung, bei der Wahl ihrer Partner könne auch der Status eine Rolle spielen, hätte sie schnurstracks auf die Barrikaden getrieben. Dann lernte sie einen Mann kennen, den einzigen Sohn und damit auch Alleinerben einer Unternehmerfamilie. Sie verliebte sich in ihn und er sich in sie: Ein Jahr später kam ein Sohn zur Welt und nach einem weiteren Jahr eine Tochter.

Natürlich kann sich ein Steinbock grundsätzlich in jeden Menschen verlieben, egal, ob arm oder reich, aber damit eine Partnerschaft Bestand hat und vor allem, wenn ein Kind geplant wird, müssen »die Verhältnisse stimmen«.

Ausnahmen bestätigen die Regel. Diese sehen dann so aus, daß ein Steinbock einen Partner wählt, der »statusmäßig« unter ihm steht, dann aber alles unternimmt, damit er den Weg in die Vervollkommnung einschlägt. Ich kenne mehrere solcher Steinbockbeziehungen. Die sicher extremste ist die zwischen einer Steinbockfrau, die in einer wirklichen Topposition steckt (Chefin eines Unternehmens), und einem Partner, der sein Studium abgebrochen hat und drogenabhängig wurde. Über Jahre hinweg hat die Frau alles versucht, diesen Mann erstens von Drogen freizubekommen und zweitens zum Erfolg zu führen.

So wie das Leben für einen Steinbock ein Lehrstück ist, so soll es auch die Liebe sein. Daher schleppen Steinböcke ihre Partner überall dorthin, wo der Geist wachsen kann: in fremde Länder, zu kulturellen Ereignissen, in Weiterbildungsveranstaltungen oder in spirituelle Zirkel. Für häusliches Glück bleibt aber trotzdem Zeit. Gemütliche Stunden am Kamin, ein kosiger Plausch in der Gartenlaube, ausgedehnte Frühstücksfeiern im Bett – so etwas steht sicher nicht täglich im Standardprogramm eines Steinbocks, aber – und darauf kann man sich verlassen – es wird auch nie rest- oder ersatzlos gestrichen.

DIE BEZIEHUNGS- UND BINDUNGSFÄHIGKEIT DES STEINBOCKS

Der Steinbock steht felsenfest zu seiner Partnerschaft, schützt sie, ehrt sie, geht für sie durch dick und dünn und bietet seinem Partner einen unerschütterlichen Halt.
Allerdings stellen sich Glück und Zufriedenheit in der Beziehung mit einem Steinbock erst allmählich ein, nämlich wenn man langsam merkt, was für einen Felsen in der Brandung des Lebens man an seiner Seite hat: Ist er ein Mann, besteht keine Gefahr, ihn je beim Besuch einer Freundin zu verlieren. Und mit einer Steinbockfrau spürt man mit der Zeit, daß man Boden unter die Füße bekommt. Beide, Steinbockmann und Steinbockfrau, sind nicht die »allerwärmsten« und gemütlichsten, aber sie sind die sichersten, zuverlässigsten Menschen, die es überhaupt gibt.
Selbst wenn es einmal vorkommt, daß eine Beziehung zerbricht, die Freundschaft ist deswegen noch lange nicht zerstört. In dieser Welt existieren viele Steinböcke, welche irgendwann mit einem anderen Menschen eine Liebesbeziehung hatten, die sich nach der Trennung zu einer wunderschönen Freundschaft mauserte.

IST DER STEINBOCK GUT IM BETT?

Über seine Talente im Bett sind bestimmt keine Stadtgespräche im Umlauf wie beispielsweise bei Zwillingen oder einem Skorpion. Es wird auch über ihn nicht hinter vorgehaltener Hand auf irgendwelchen Partys getuschelt, wie man es vielleicht über einen Widder oder einen Löwen machen würde. Denn der Steinbock ist zwar ein öffentlicher Mensch; das heißt, er verhält sich grundsätzlich tadellos, so daß alle Welt ruhig wissen kann, was er tut. Aber was er in seinem Schlafzimmer macht, geht niemanden etwas an, das ist Privatsache, vom Grundgesetz sozusagen abgesegnet. Und er wird sich auch keine Frau bzw. keinen Mann ins Schlafzimmer holen, der oder die hinterher überall herumposaunt, wie die Nacht mit dem Steinbock war. Steinböcke zählen einfach nicht zu den Sexprotzen. Menschen, die auch nur im Verdacht stehen, dieser Kategorie anzugehören, läßt er links liegen.
Daß man wenig über seine Bettallüren berichtet, heißt aber noch lan-

ge nicht, es gäbe nichts zu erzählen bzw. man könnte Negativbeispiele en masse zitieren: etwa daß er kalt sei wie Eis und plump wie ein Holzklotz. Mitnichten!

Okay, er ist kein heißer Ofen, wenigstens nicht ohne entsprechende Inszenierung. Gemeint ist, daß der Steinbock nicht aus sich heraus Sex ausstrahlt wie eine Tausend-Watt-Birne. Er wird primär schüchtern sein, etwas unbeholfen, gehemmt. Aber wenn er sich sicher fühlt, nackt im Bett liegt, das Licht gedimmt ist (ja, ja, vielleicht braucht es auch ein paar Gläser glutroten Burgunder), legt er los und ist – wie sonst auch im Leben – nicht mehr zu bremsen, stürmt zum Gipfel, ist stark, ausdauernd, wirft sich völlig hinein und hat nach einem Gipfel noch lange nicht genug.

Er braucht allerdings – das sollten sich alle Steinbockliebhaber und »-innen« merken – etwas Starthilfe. Außer Wein können das entsprechende Literatur, ein Film oder – das mag er besonders – erotische Phantasien sein, die man sich vor und während des Liebesaktes erzählt.

Noch etwas: Viele Vertreter anderer Tierkreiszeichen sind von sich und ihrer Liebeskunst dermaßen überzeugt, daß es ihnen im Traum nicht einfallen würde, Liebe zu studieren. Ganz anders der Steinbock. Er weiß, daß der Weg zur Meisterschaft immer nur durch eine gute Schule führt. Er studiert daher entsprechende Literatur – über Tantra und das *Kamasutra* zum Beispiel –, besucht unter Umständen sogar ein einschlägiges Wochenendseminar und läßt sich auch gern von seinem/seiner Partner(in) in die Ars amandi, die Liebeskunst, einführen.

Alles in allem: Er ist kein Vulkan, keine Explosion, eher ein Schiffsmotor, der sich aber durch geeignete Techniken und Tricks ganz schön »hochtunen« läßt.

ÜBER DIE TREUE DES STEINBOCKS ...

Keine Frage, der Steinbock gehört zu den Treuesten des Tierkreises überhaupt. So wie er sich auch sonst an Absprachen und Verpflichtungen hält, gehört er zu den Menschen, die das Ja bei der Hochzeit hundertprozentig ernst nehmen. Selbst wenn Steinböcke nicht heiraten (worauf sie sich allenfalls einlassen, um ihrem Partner einen Gefallen zu tun), ist ihnen Treue eine Selbstverständlichkeit und heilig. Es gibt diesbezüglich allerdings einen Unterschied zwischen Männern und Frauen, nämlich derart, daß Steinbockfrauen unter Umständen nicht ganz so felsenfest zu ihrem Treuegelöbnis stehen, es dafür aber hundertprozentig von ihrem Mann erwarten. Dies beruht darauf, daß Frauen in viel stärkerem Maß als Männer vom Mond bestimmt werden. Steht dieser in einem Zeichen, das nicht so sehr zur Treue neigt, wie zum Beispiel Schütze oder Wassermann, Zwillinge oder Fische, kann das die sonst eiserne Standhaftigkeit untergraben. Aber im großen und ganzen und verglichen mit allen anderen Tierkreiszeichen, sind Steinböcke beiderlei Geschlechts so etwas wie ein feste Burg und stehen wie eine Eins zu ihrer Partnerschaft.

SO HÄLT MAN STEINBÖCKE BEI GUTER LAUNE

Ein Steinbock freut sich wie ein Schneekönig, wenn er bemerkt, daß man an ihn denkt, zum Beispiel ihm ein Geschenk macht und damit nicht bis Weihnachten oder bis zu seinem Geburtstag wartet, Tage, die ohnehin ganz nahe beieinanderliegen. Aber auch ein überraschender Anruf, der keinen anderen Grund hat als den, seine Zuneigung zu bekunden, bringt ihn – für seine Verhältnisse – schier aus dem Häuschen. Natürlich zeigt er seine Freude nicht ungeschminkt. Aber wer ihn kennt, liest die Freude an seinen strahlenden Augen.

Von einer Frau erwartet der Steinbockmann, daß sie gut und einfach kocht; und wenn dann das Eisbein auch noch als Sonderangebot zu kaufen war, ist er beglückt. Sie, die Steinbockfrau, wiederum ist zufrieden, wenn ihr Mann Erfolge und gute Kontakte mit nach Hause bringt und sie dann und wann in ein Sternelokal entführt. Grundsätzlich schwärmen beide – Steinbockmann und -frau – zwar in den höchsten Tönen für ganz einfache Kost, aber hin und wieder ist auch beim Essen ein Gipfelerlebnis fällig.

Sparsamkeit lieben sie, die Steinböcke – sehr sogar –, aber die Qualität darf darunter auf gar keinen Fall leiden. Zumeist sind sie absolute Feinschmecker und wissen ganz genau, wo das beste Fleisch, das frischeste Gemüse und der beste Wein zu bekommen sind.

Luxus – ist das überhaupt ein Thema für einen waschechten Steinbock? Schon! Man gönnt ihn sich – und spricht nicht darüber. Wer hart und erfolgreich arbeitet, kann sie sich schließlich guten Gewissens gönnen, die Edelstücke aus begnadeter Designerhand. Was das

Outfit betrifft, macht man den Steinböcken mit Puristen die größte Freude. Strenge Noblesse bei Material, Schnitt und Farbe stehen ganz oben auf ihrer Favoritenliste – und bloß keinen schrägen Firlefanz oder irgendwelche Knalleffekte!

Beliebt bei Steinböcken sind auch stets praktische und einfache Dinge, vom Batterie-Gasanzünder über ein stabiles Austernmesser bis zur elektrischen Parmesanreibe. Zudem stehen sie auf Kunst, die man in die Wohnung hängen kann, und bequeme Möbel, die aber nicht protzig sein dürfen.

Der Steinbock liebt seine Familie. Selbst wenn er mehr gelitten als gelacht hat; er hängt an ihr. Von seinem Partner erwartet er das gleiche. Negative Bemerkungen über seinen Vater, seine Mutter oder seine Geschwister sollte man also tunlichst unterlassen!

Zum Schluß in diesem Zusammenhang noch ein paar Worte zu seinem Humor. Er lacht gern, der ernste Geselle, erzählt liebend gern Witze und schätzt Menschen, die gute Witze erzählen können. Aber eines mag er überhaupt nicht: daß man über ihn lacht, egal, aus welchem Grund.

WIE GUT STEINBÖCKE ALLEIN SEIN KÖNNEN

Zu einem großen, vielleicht sogar zum überwiegenden Teil ist der Steinbock ein Einsiedler, ein einsamer Wolf, ein Tramp, der seinen Weg allein machen will. Am liebsten geht er daher mit dem Menschen aus, der ihm am nächsten ist und der ihn als einziger wirklich versteht. Er selbst! Derartige Phasen braucht er, egal, ob Frau oder Mann. Dann wieder zieht es ihn unter Menschen, das wärmt sein Herz, das holt ihn zurück aus seiner unpersönlichen Welt. Zuviel Geselligkeit ist ihm zuwider, aber zuviel Einsamkeit macht ihn traurig. Als Grenzgänger ist er am glücklichsten. Er braucht einen Platz, wo er hingehört, aber mit wenig Verpflichtungen und Anhänglichkeiten. Er kann also gut allein leben, der Steinbock – nur immer soll es halt auch nicht sein!

Es fällt ihm sehr schwer, Anschluß zu finden: weil er schüchtern und unbeholfen ist, aber auch weil er doch irgendwie immer eine gewisse Arroganz verbreitet, eine Aura ausstrahlt, die den Eindruck vermittelt: »Ich brauche niemanden!« Dazu kommt noch, daß er bei anderen sehr schnell das Gefühl erzeugt, ihm gegenüber unterlegen zu sein. Bei

Steinbockdamen ist das im allgemeinen noch problematischer, denn jeder Mann spürt sofort, daß er bei einer solchen Frau mit irgendwelchen Machoallüren nicht landen kann. Ich habe keine Statistik erhoben, aber gefühlsmäßig meine ich sicher sagen zu können, daß der Steinbock zu den Zeichen gehört, die viel allein sind. Das Terrain, auf dem sie am ehesten einen Partner finden, ist natürlich der Beruf. Viele dauerhaften Beziehungen sind aus einer gemeinsamen Arbeitssituation entstanden. Auch Kontaktanzeigen sind bei Steinbocksingles sehr beliebt und – wie ich annehme – ziemlich aussichtsreich.

DER STEINBOCKMANN AUF DEM PRÜFSTAND

Einen Steinbockmann muß man sich beizeiten etwas erziehen. Nicht, was die großen und wichtigen Dinge einer Liebe oder Ehe betreffen, da ist er ganz große Klasse. Er hat alles, wovon ein Mädchen träumt: Zuallererst ist er comme il faut, also wie sich's gehört. Er wird nie etwas tun oder verlangen, was seinem Partner die Schamröte ins Gesicht steigen läßt. Dieser wird aber auch nie dergestalt überrascht, daß er vielleicht einen Liebesbrief einer anderen Frau in der Aktentasche des Steinbocks entdeckt. Ist das nicht wahnsinnig beruhigend?
Er ist ein Gentleman, der seine Frau immer spüren läßt, daß sie etwas Besonderes ist, sein Herzblatt, sein Trost, seine Sonne, sein Abendstern. Die Dame seines Herzens kann Falten und graue Haare haben, er wird in ihr immer das Mädchen sehen, das er vom ersten Augenblick an geliebt hat. Wenn seine Frau auch nur vor irgend etwas Angst hat, egal, ob vor Haifischen im Urlaub oder vor Einbrechern zu Hause, der Steinbockmann wird sofort alles tun, um sie von ihrer Furcht zu erlösen: Er würde nicht mehr am Meer Urlaub machen, selbst wenn er das Kapitänspatent hätte. Und er wird sein Haus mit den modernsten Sicherheitsvorkehrungen ausrüsten. Außerdem: Es ist seltsam, aber in seiner Nähe verschwinden ohnehin viele Ängste – einfach so. Er wird nie Sex verlangen, wenn sie nicht möchte. Ach, sagen wir es doch ganz einfach, auch wenn es antiquiert und etwas kitschig klingt: Der typische Steinbockmann wird seine Frau auf Händen tragen, ihr jeden Wunsch von den Augen ablesen und ihr alle Handgriffe abnehmen.
Und wo ist der Haken? Ganz einfach, er ist nicht ihr Typ, er ist absolut kein Frauentyp und schon gar kein Frauenheld. Er wird sie nicht

auf einem feurigen Pferd entführen, nicht einmal in einem offenen Cabrio. Er wird keine romantischen schmachtenden Liebesbriefe schreiben, keine Komplimente ins Telefon hauchen, und wenn sie ihn im durchsichtigen Negligé an der Tür empfängt, wird er sie schelten, weil sie für die Jahreszeit zu leicht angezogen sei.

Der Steinbockmann braucht erosmäßig etwas Unterstützung

Ein Steinbockmann kann so nüchtern und so ernüchternd sein, daß es einem die Sprache verschlägt. Daher muß eine Frau – jetzt knüpfen wir wieder am Anfang an –, die seine sonstigen unbestreitbar großartigen Eigenschaften liebt, ihn von Anfang an erziehen und ihm verdeutlichen, daß sie keine Pantoffeln im Schlafzimmer duldet, seine Brille nicht ausstehen kann (die meisten Steinböcke tragen eine unmögliche Brille), mehr Feuer von ihm erwartet, jeden Morgen einen richtigen Zungenkuß möchte und dazu ein süßes, neues Kompliment hören möchte. Anders gesagt: Der Steinbockmann ist, was die Liebe betrifft, ein kleiner Junge, der an die Hand genommen werden möchte und der Liebeskunde bedarf. Man braucht viel Geduld und darf dazwischen nie vergessen: Die großen und wichtigen Dinge stimmen bei einem Steinbockmann.

DIE STEINBOCKFRAU AUF DEM PRÜFSTAND

Die Behauptung, das Gefühlsleben einer Steinbockfrau gleiche dem eines Eisbergs, stammt in den meisten Fällen von Männern, vornehmlich von solchen, deren Versuche, bei ihr zu landen, im Leeren endeten. Übliches Imponiergehabe geben diese Frauen nämlich allemal der Lächerlichkeit preis. In ihrem Innersten wirkt die Archaik eines den Männern überlegenen Wesens, und ihre Leitbilder sind allesamt Frauen, die entweder selbst Geschichte schrieben oder ihren Männern bei der ihrigen genau auf die Finger sahen.

Wer diese Größe nicht erkennt und respektiert, erfährt ihre Kälte und Ablehnung. Wer aber vor ihren Augen besteht, darf eintreten in ihren Traum aus Tausendundeiner Nacht. Denn hinter ihrem bedachten Äußeren verbirgt sich ein Serail grenzenloser Liebe und Lust; ihr kühles Flair erweist sich als absoluter Kontrapunkt ihrer leidenschaftlichen inneren Glut. Diese Frau hat es einfach in sich. Wer lieber auf Schein als auf Sein steht, ist bei ihr falsch.

Große, verträumte Augen bekommt sie beim Thema Treue. Wäre »er« doch nur ein Super-»Daddy«, der durch dick und dünn mit ihr ginge und bedenkenlos zu ihr stünde! Er müßte ihr alles verzeihen, gelegentlich sogar die sinnlichen Eskapaden mit einem anderen Mann. Denn im Unterschied zum Steinbockmann, dem treuesten Partner des gesamten Tierkreises, wird sie vor allem in Liebesdingen auch stark vom Mond und ihrer Venus bestimmt. Die können ja durchaus in einem »freizügigeren« Zeichen, beispielsweise Schütze oder Wassermann, stehen und animieren so zu einer etwas lockereren Auffassung von Treue. Gelegentlich folgt sie auch einer doppelten Moral, nimmt sich selbst Seitensprünge heraus, erwartet aber von ihrem Partner, daß er treu wie ein Fels zu ihr steht und auf sie wartet, bis sie genug hat von der Liebe mit dem anderen.

Sie ist nicht dafür geboren, im Schatten eines Mannes zu stehen. Eher verhält es sich umgekehrt. Aber einen Schwächling, der sich endlos bevormunden läßt, verachtet sie ebenfalls und beginnt sogar, ihn zu schikanieren, nur damit er sich auf seine Hinterbeine stellt. Bleibt er ohne Rückgrat, läßt sie ihn im Stich. Und Trennungen vollzieht sie wie alles andere: schnell und konsequent. Wen es trifft, der empfindet sie als hart und gnadenlos. Sie aber ist sich sicher, daß ein harter Abschied letztlich leichter fällt.

UND SO KLAPPT'S MIT ALLEN ANDEREN

Im folgenden wird das Beziehungsspiel zwischen Steinbock und den zwölf möglichen Partnern des Sternkreises durchleuchtet. Dazu ist grundsätzlich etwas zu sagen: Es gibt keine Kombination, die unmöglich ist. Mit anderen Worten, wenn Sie ein Steinbock sind, können Sie mit jedem, egal, ob Löwe, Waage oder Krebs. Allerdings verlangt jede Partnerschaft einen bestimmten Preis. Bei manchen Kombinationen heißt der Preis Ruhe oder Entspannung, bei anderen braucht man vielleicht mehr Zeit. Auch ist es von Fall zu Fall möglich, daß man mit einem bestimmten Partner in eine Krise gerät und dann etwas unternehmen muß, um die Krise gemeinsam zu bewältigen. Es gibt keine Kombination, die nur positiv ist. Es gibt allerdings solche, die bequemer sind als andere. Wer aber will entscheiden, ob Bequemlichkeit in jedem Fall ein erstrebenswertes Gut ist?

Steinbock UND WIDDER

Meistens sind Widder und Steinbock mit sich selbst und ihren eigenen Zielen beschäftigt; es kommt daher selten zu einer längeren Partnerschaft. Außerdem beschleicht den Widder neben dem Steinbock ganz schnell das Gefühl, der andere wolle ihn kontrollieren. Der Steinbock wiederum erlebt den Widder als permanente Störung, als rotes Tuch, als einen, der sich den Gesetzen des Lebens und der Gemeinschaft nicht fügen will. Manchmal kommt es dennoch zu einer liebevollen und konstruktiven Beziehung. Das ist aber meistens dann der Fall, wenn sich die Aszendenten oder die Mondzeichen der beiden ergänzen.

Steinbock UND STIER

Beide haben weitgehend ähnliche Auffassungen vom Leben und verstehen sich daher auf Anhieb. Insbesondere fühlt sich der Stier mit der

Lebensweise des Steinbocks sehr sicher, denn dieser vertritt Ordnung, Verläßlichkeit und die Unantastbarkeit des Eigentums. Genauso fühlt sich aber auch der Steinbock bei dem Stier zu Hause, denn dieser stellt dessen Grundsätze nicht Frage. So kommt dieses Paar in aller Regel sehr schnell überein, was man mit dem gemeinsamen Leben anfangen will, und setzt es auch in die Tat um. Die beiden gehören zu denen, die eine Familie gründen, ein Haus bauen, Karriere machen und goldene Hochzeit feiern. Allerdings treten auch in dieser Verbindung Hindernisse auf, die zu Erstarrungen und Trennungen führen können, wenn sie nicht in Güte aus der Welt geschafft werden. An erster Stelle ist es die Sexualität, die für einen Stier so selbstverständlich ist wie Essen, Trinken und Schlafen, während sie für den Steinbock zwar eine durchaus wichtige, aber im Vergleich zur Karriere und zum persönlichen Wachstum doch untergeordnete Rolle spielt. Ein Problem besteht auch darin, daß es mit der Zeit an Konträrem, Andersartigem fehlt: Die beiden sind sich eben doch zu ähnlich. Kommen jetzt nicht Kinder, die durch ihr eigenes Tierkreiszeichen ein ganz anderes Element in die Beziehung einbringen, kann besagte Ähnlichkeit unter Umständen in eine lähmende Erstarrung oder gar Gleichgültigkeit führen.

Steinbock UND ZWILLINGE

Mit dem statusbewußten Steinbock wissen Zwillinge nicht richtig umzugehen. Einerseits finden sie sein »Getue«, seinen Ernst und Ehrgeiz komisch, auf der anderen Seite ahnen sie, daß sie ohne derartige Tugenden im Leben nicht recht weit kommen. Umgekehrt traut der Steinbock dem, wie er es sieht, Hokuspokus einer Zwillingepersönlichkeit nicht über den Weg. Man nähert sich daher in gegenseitigem Respekt. Manche Begegnungen kommen über eine vielversprechende Liebesnacht nicht hinaus. Andere werden erst nach Monaten so warm, daß sie miteinander ins Bett gehen. Wichtig ist, daß bei Konflikten nicht ausgewichen wird, sondern beide ihre innersten und geheimen gegenseitigen Vorbehalte auf den Tisch legen.

Steinbock UND KREBS

Steinbock und Krebs liegen sich im astrologischen Tierkreis genau gegenüber und sind somit extrem unterschiedlich. Der Steinbock versucht, über seine Emotionen hinauszuwachsen, der Krebs lebt seine Gefühle, kultiviert sie, erklärt sie für »heilig«. Oder der Steinbock liebt seinen Beruf, der Krebs seine Familie. Trotz dieser kolossalen Unterschiede – oder vielleicht gerade deswegen – ziehen sich Krebs und Steinbock magnetisch an. Die Liebe entflammt ja nicht nur, wenn man einem Menschen begegnet, der ein Spiegelbild der eigenen Person ist, sondern auch, wenn er das genaue Gegenteil darstellt. Dann verkörpert der geliebte andere das Reich, das einem selbst so fremd ist, das aber jetzt plötzlich offensteht. Der Krebs findet beim Steinbock die Sicherheit, von der er weiß, daß er allein sie niemals erlangen würde. Der Steinbock wiederum vermag sich beim Krebs regelrecht in einer Gefühlswelt zu »baden«, um danach wieder seiner Verstandesorientierung zu folgen. Natürlich kann das Gleichgewicht in dieser Polarität im Lauf der Jahre auch kippen, und jeder wirft dem jeweils anderen vor, daß er nicht so ist wie man selbst – eine absurde Situation, denn man hat ja gerade deswegen zueinandergefunden, weil man so anders ist. Aber grundsätzlich hat diese Beziehung Bestand und erlebt nicht selten die diamantene Hochzeit.

Steinbock UND LÖWE

Damit Vertreter dieser beiden Tierkreiszeichen zueinanderfinden, müssen viele Hürden genommen und Hindernisse aus dem Weg geräumt werden: Der Löwe ist ein Mensch, der aus dem Augenblick heraus lebt, das Dasein nimmt, wie es kommt, und versucht, das Beste daraus zu machen. Der Steinbock geht ganz anders vor. Er kann beispielsweise heute verzichten, um dafür morgen davon zu profitieren – eine für den Löwen unsinnige Philosophie. Des weiteren geht ein Löwe grundsätzlich den leichten, bequemen und schönen Weg, während ein Steinbock die Erfahrung gemacht hat, daß der bequeme

Weg nicht unbedingt auch der bessere ist. Er, der Steinbock, setzt insbesondere dann auf Hartnäckigkeit und Ausdauer, wenn es um Karriere und Erfolg geht. In puncto Sparsamkeit haben beide Zeichen ebenfalls völlig unterschiedliche Meinungen. Und sogar beim Quantum Liebe und Zärtlichkeit bestehen verschiedene Maße: Der Löwe lebt nach der Überzeugung: »Je mehr, um so besser!« Der Steinbock argwöhnt, daß zuviel Zuwendung den Charakter schwächen könnte. Ein bißchen erinnert diese Kombination an das Märchen von der Grille und der Ameise. Die singende und das Leben genießende Grille entspricht natürlich dem Löwen, die arbeitswütige Ameise dem Steinbock. Allerdings wird im »richtigen Leben« nicht unbedingt die »Ameise« frohlocken. In einer Partnerschaft aus Steinbock und Löwe kann ewig darum gerungen werden, wessen Lebensweg denn nun der bessere sei.

Steinbock UND JUNGFRAU

Zunächst einmal entsprechen sich diese beiden Tierkreiszeichen bestens, denn sie gehören beide dem Erdelement an und sind somit an der Bewältigung, Koordinierung und Disziplinierung des Lebens orientiert. Man verliert sich also nicht in verschiedenen Interessensrichtungen, sondern hat gemeinsame Ziele, Freunde und gleichartige Wünsche. In Geschmacksfragen stimmt man ebenfalls weitgehend überein, weshalb man sich zum Beispiel beim Einrichten der Wohnung, beim Kauf eines neuen Autos oder beim Zappen durch die TV-Sender selten in die Haare gerät. Auch beim Thema Sex ist man ähnlicher Ansicht, nämlich insofern, als man erstens nicht übertreibt und zweitens mit einer gewissen Gefühlshärte und Rauhbeinigkeit gut umgehen kann, also weiß, wie man sich trotzdem gegenseitig »antörnen« kann. Probleme treten auf, wenn der weibliche Part Steinbock, der männliche Jungfrau ist. Die Steinbockfrau erwartet dann nämlich von ihrem Partner Geradlinigkeit und Stärke, welche die Jungfrau nun einmal nicht besitzt. Eine weitere Schwierigkeit resultiert daraus, daß mit der Zeit die Herausforderungen fehlen, weil man sich so ähnlich ist. Am besten wirkt dann eine gemeinsame Reise weit weg vom Arbeitsplatz. Das hebt die Lust und die Leidenschaft beider Tierkreiszeichen.

Steinbock UND WAAGE

Waage und Steinbock sind Gegensätze wie Erde und Luft, Realität und Phantasie, Arbeit und Entspannung. Von daher gehen zwei Menschen mit diesen Tierkreiszeichen ein großes Risiko ein, wenn sie sich füreinander entscheiden. Im negativen Fall machen sich beide gegenseitig die Hölle heiß. Der Steinbock wird die Waage wegen ihrer Entscheidungsschwäche verurteilen, und die Waage wird sich beim Steinbock revanchieren und ihm seine Herzlosigkeit und mangelnde Liebe vorwerfen. Ich habe auch häufig starkes Konkurrenzdenken in Partnerschaften mit diesen Tierkreiszeichen beobachtet. Klappt es jedoch mit den beiden, dann lernt der Steinbock von der Waage Herzensgüte und Wärme, wird offener, gemütlicher, häuslicher und vor allem kommunikativer. Im Gegenzug hilft der Steinbock der Waage bei Entscheidungen und lehrt sie, schneller zum Punkt zu kommen.

Steinbock UND SKORPION

Das ist eine phantastische Kombination, denn es gibt genügend Gemeinsamkeiten, aber auch ausreichend Unterschiede, so daß man sich gut versteht, wobei keine Eintönigkeit und Langeweile aufkommen. Das Wichtigste ist, daß beide gleich stark sind. Auf dieser Basis kann man etwas miteinander anfangen, sich zusammenraufen und weiterentwickeln (natürlich läßt sich's auf dieser Basis auch streiten, daß die Wände wackeln). Beide Tierkreiszeichen teilen ebenso weitgehend ihre Vorstellungen von einer Partnerschaft. Da ist es ihnen beispielsweise wichtig, sich an Absprachen zu halten, sich gegenseitig zu achten und wahrhaftig miteinander umzugehen. Und sie sind Menschen, die Tiefe anstreben und das Äußere schnell als schnöden Schein abqualifizieren. Beim Thema Sex bestehen zunächst große Unterschiede. Denn der Skorpion ist ein Gefühlsmensch, für den es nichts Schöneres gibt, als sich seinen Emotionen hinzugeben. Der Steinbock dagegen behandelt Gefühle etwas von oben herab und schaltet eher den Verstand vor. Aber in dieser Kombination überwiegt meistens doch die

Ergänzung. Denn der Skorpion ist auch froh über jemanden, der nicht so schnell »gefühlsgebeutelt« wird wie er selbst, während der Steinbock neben einem Menschen glücklich ist, der nicht wie er allem mit der Ratio zu Leibe rückt. Hinzu kommt, daß dieses Paar auch beruflich sehr stark ist und sich gegenseitig regelrecht die Karriereleiter »hochschubst«.

Steinbock UND SCHÜTZE

Diese Kombination läuft in fast allen Fällen auf einen Zweikampf zwischen Antrieb und Hemmung hinaus: Der typische Schütze braucht Ziele, etwas, worauf er sich zubewegen kann. Er muß in Bewegung bleiben, weil das seine Urmotivation ist, durch die er zu sich findet und bei sich bleiben kann. Ein waschechter Steinbock hingegen reglementiert alles und setzt verbindliche Maßstäbe. Er muß schon zuvor genau das Resultat kennen, um überhaupt mit einer Aktion zu beginnen, während der Schütze erst einmal loslegt und dann schon feststellen wird, was dabei herauskommt. Es ist ein kolossaler Gegensatz, der meistens dazu führt, daß sich weder der Schütze noch der Steinbock genügend angenommen (geliebt) fühlt. Positive Lösungen sind selten und gelingen meistens nur dann, wenn sich die Partner hinsichtlich ihrer Mondzeichen oder Aszendenten eher entsprechen.

Steinbock UND STEINBOCK

Ein Steinbock findet zu sich bzw. fühlt sich wohl, wenn er über den Dingen thront und er eine gewisse Distanz zum Leben wahrt, insbesondere zur Welt der Gefühle. Er sieht es als seine Aufgabe, aus der Vielheit des Lebens die Einheit, das Wesentliche herauszufiltern und zu konzentrieren. Kommen zwei Steinböcke zusammen, so verdoppelt sich alles, der Wunsch nach Distanz und die Forschung nach dem Wesen der Dinge. Deshalb können sich diese beiden Menschen oft so gut verstehen, daß es keiner Worte mehr bedarf. Es kann aber auch dahin kommen, daß man sich nichts mehr zu sagen hat. Das Geschlechtsleben flacht in aller Regel nach einem anfänglichen Vulkanausbruch ziemlich rasch ab, weil Reibung und Spannung fehlen. Nach einer Weile kann man mit dieser Beziehung bestimmt eine Wahnsinnskarriere machen oder ein Duo bilden, das durch dick und dünn geht und zueinander steht, aber eine partnerschaftliche Liebe wird man diese Kombination wohl eher selten nennen.

Steinbock UND WASSERMANN

Es gibt Wassermänner, die »total« auf Steinböcke »abfahren«: Der Partner sei so »cool«, zuverlässig, standhaft, sich seiner selbst so sicher. Es gibt aber auch Wassermänner, die die Hände über dem Kopf zusammenschlagen, wenn sie nur in die Nähe eines Steinbocks geraten: zu verschlossen, zu spießig, zu langweilig! Umgekehrt ist es ähnlich. Für die Hälfte aller Steinböcke verkörpert der Wassermann Eigenschaften, nach denen er schon immer sucht: extravertiert, leicht, luftig, kommunikativ. Die andere Hälfte hält Wassermänner für oberflächlich, naiv und kindisch. Wie so häufig im Leben gehen sowohl die schwärmerischen als auch die ablehnenden Beurteilungen am Kern vorbei. Wahr ist, daß Wassermänner und Steinböcke nur mühsam zusammenkommen, beide sich aber so viel zu geben haben – der eine Erde, der andere Luft –, daß eine Freundschaft oder eine berufliche Beziehung einen großen Gewinn darstellt. In einer Partnerschaft geht es allerdings noch um andere Dinge als darum, voneinander zu lernen und aneinander zu arbeiten, nämlich auch Ausgleich und Entspannung zu finden. Und daran mangelt es diesem Duo.

Steinbock UND FISCHE

Zunächst einmal scheinen Welten aufeinanderzuprallen. Die Fische sind ein außerordentlich starkes Wasserzeichen, das sich gern entzieht und in einer eigenen Welt lebt. Der Steinbock hingegen ist ein Erdzeichen, das alles begreifen, ordnen und vereinheitlichen möchte. Aber so unwahrscheinlich es klingt, diese beiden Menschen können zu einer gefühlvollen und erfüllenden Liebe gelangen, die auf gegenseitigem Respekt fußt. Ihre gegensätzlichen Naturen eröffnen einander neue Horizonte. Die verschiedenartigen Erfahrungen, die jeder mitbringt und immer wieder neu macht, liefern viel Gesprächsstoff, und jeder findet im anderen, was er selbst nicht hat und beim anderen liebt, was er aber auch gar nicht unbedingt selbst haben möchte: Beim Fischegeborenen ist es das Gefühl, die Weite und Muße, beim Steinbock ist es die Klarheit, Konzentration und Vernunft.

Gesundheit UND FITNESS

In der astrologischen Medizin ordnet man jedem Tierkreiszeichen andere Körperregionen, physiologische und psychologische Funktionsweisen und entsprechende Krankheitsdispositionen zu. Dies bedeutet, es bestehen verschiedene Neigungen zu unterschiedlichen Störungen und Erkrankungen; das heißt aber noch lange nicht, daß bei jedem Tierkreiszeichen auch tatsächlich die ihm im folgenden zugeordneten Krankheiten auftreten werden.

Körperliche Entsprechungen Skelett, Knie, Haltung, Bewegung

Psychologische Entsprechungen Beweglichkeit, Halt, Struktur, Verwirklichung, Versachlichung, Autorität, Materialisierung, Objektivität

Krankheitsdispositionen Gelenkschmerzen, Gicht, Haltungsfehler, Knieprobleme, Knieschwellungen, Nierenprobleme, Meniskusleiden, Nierensteine, Rheumatismus, Versteifung

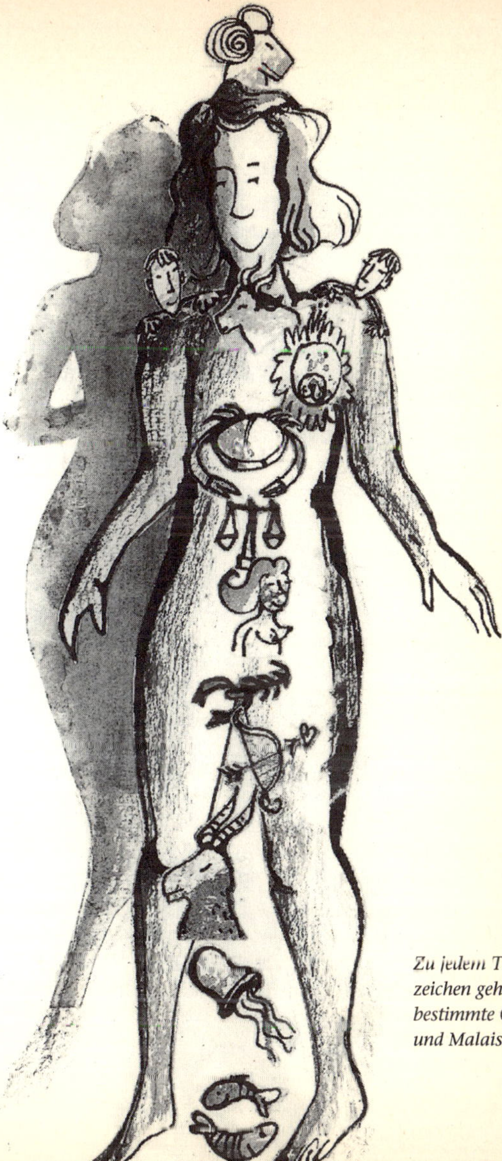

Zu jedem Tierkreiszeichen gehören bestimmte Organe und Malaisen

TYPISCHE KRANKHEITEN DER STEINBÖCKE

Steinböcke neigen zu den verschiedensten Beschwerden im Zusammenhang mit dem Bewegungsapparat, besonders den Knien. Damit Sie die Logik, die hinter diesen Zuordnungen steckt, und die psychosomatischen Ursachen der Symptome besser kennenlernen können, seien hier einige wichtige und häufige Probleme von Steinböcken genannt.

Die Körperhaltung verrät die Einstellung

Das Knochengerüst trägt den menschlichen Körper. Es ist ein genialer Stabilisator. Über Gelenke und Sehnen sind die Knochen so mit den Muskeln verbunden, daß Bewegung möglich ist und wir verschiedene Körperhaltungen einnehmen können.

Die Haltung wiederum ist von unserer inneren Einstellung nicht zu trennen. Man denke nur an einen »gramgebeugten Menschen«. Seine Trauer oder sein Schmerz zeigt sich in seiner Haltung. In vielen umgangssprachlichen Ausdrücken ist diese Parallele zwischen körperlicher und geistiger »Einstellung« zu finden. So spricht man von einem »aufrichtigen« oder einem »geradlinigen« Menschen oder von Individuen, die gern »buckeln« oder »kriechen«. Man sagt auch, daß ein Mensch eine »gute« oder eine »schlechte« Haltung hat, und man meint damit zuweilen seinen Charakter. Steinbockmenschen müssen ganz besonders auf den Zusammenhang zwischen innerer und äußerer Haltung achten. Bei ihnen führt eine äußere Belastung sehr rasch zu innerer Schwere. Und genauso manifestieren sich bei ihnen psychische Probleme in körperlichen Verformungen, die ihren Organismus Kraft kosten. Für sie ist es ratsam, von Zeit zu Zeit ihre innere Haltung und Einstellung zum Leben zu hinterfragen. Denn nicht selten führt bei ihnen eine zu rigide, steife oder engstirnige Einstellung auch zu einer Versteifung der Gelenke oder des ganzen Körpers.

Bei derartigen Problemen psychischer wie physischer Art sollten sie sich daher folgende Fragen stellen:

- Gibt es etwas in meinem Leben, das ich nicht mehr tragen will?
- Kann ich in meinem Beruf oder meiner Partnerschaft aufrichtig sein, oder muß ich mich ducken?

- Bin ich in meinen Anschauungen genügend beweglich?
- Habe ich eine Idee oder einen Gesichtspunkt, der mein Leben hält und aufrichtet?

Im Knie steckt Demut

Nicht nur Körpertherapeuten – das sind meistens ganzheitlich denkende Ärzte oder Heilpraktiker – stellen eine Zunahme von Knieproblemen fest. Viele von ihnen führen die ansteigende Zahl der Betroffenen auf einen Rückgang der inneren Demut der Menschen zurück. Doch wie ist das zu erklären?

Wenn wir auf die Knie fallen, üben wir Demut. Wir verbeugen uns vor Gott oder den Menschen, denen wir eine besondere Achtung entgegenbringen. Zugleich ist der Kniefall eine Geste der Dankbarkeit. Sie hat heute eine neue Dimension beim Fußball erfahren: Der Torschütze fällt auf die Knie und teilt seinen Triumph symbolisch mit den Zuschauern.

Die Geste der Demut gehört zum Steinbockzeichen. Sie ist ein symbolhafter Ausdruck der Erkenntnis, daß das menschliche Leben einem höheren Schicksal unterworfen ist, das sich nicht willentlich beeinflussen läßt. Daher sind Knieprobleme für Steinbockgeborene häufig ein Hinweis, ihre Demut wiederzufinden und zu praktizieren.

Rheumatismus – der Kampf gegen sich selbst

Rheumatismus ist eine Folge von Autoaggression oder Selbstzerstörung des Organismus. Unser Immunsystem produziert Antikörper, welche fremde Substanzen neutralisieren oder deren Verlassen des Körpers beschleunigen. Beim Rheumatismus beendet diese Gesundheitspolizei nach ihrem Sieg aber nicht den Krieg, sondern schießt über das Ziel hinaus und bekämpft die eigene Substanz.

Steinbockgeborene neigen zu einer vergleichbaren Verhaltensstrategie. Aufgrund ihres Naturells sind sie stets bestrebt, ihr Leben bestimmten Prinzipien unterzuordnen. Besonders dann, wenn sie auch berechtigten Ärger über längere Zeit mehr als angemessen zu kontrollieren versuchen, kann sich diese innere Not eine Ausdrucksmöglichkeit suchen und als Autoaggressionskrankheit in Form von Rheumatismus manifestieren.

Steinböcke mit Symptomen aus dem rheumatischen Formenkreis sollten sich daher mit folgenden Fragen auseinandersetzen:

- Erlaube ich mir, Wut und Frustration zu spüren und zu zeigen, wenn es angebracht ist?
- Gibt es in meinem momentanen Leben Situationen, die mich aggressiv werden lassen könnten?
- Wie lebe ich meine Wut und meinen Ärger aus?

WIE STEINBÖCKE GESUND BLEIBEN

Steinböcke brauchen Zeit, denn sie sind überaus gründlich. Daher müssen sie sich die nötige Zeit auch selbst gewähren. Sie benötigen sogar zum Leben Zeit. Denn Steinböcke werden erst im Alter richtig glücklich und zufrieden. Sie brauchen ein Menschenalter, um ihr Dasein auf dieser Erde zu akzeptieren. Der Vorteil einer solchen Einstellung liegt allerdings darin, daß Steinböcke sich in der Regel Rüstigkeit und einen klaren Geist bewahren.

Am wichtigsten ist, daß sie sich nicht einem zu starren Prinzip unterordnen. Sie müssen begreifen, daß das Leben nicht geradlinig, sondern wechselhaft, spontan und zyklisch verläuft. Sie dürfen auch nicht vergessen, daß zum Leben Demut und Gefühle wie Aggressionen und Ärger gehören. Körperliche wie geistige Gesundheit manifestieren sich in einer richtigen Haltung. Sie ist aufrecht und beweglich und folgt dabei einem natürlichen Ausdruck. In der Weise, wie der Steinbock auf seine äußere Haltung achtet, achtet er auch auf sein inneres Wesen und damit auf seine Gesundheit.

DIE APOTHEKE DER NATUR

Gegen Rheumatismus helfen morgens eine Tasse Löwenzahntee und vor dem Schlafengehen eine Tasse Tausendgüldenkraut. Auch der Borretsch (Gurkenkraut) hat sich bei rheumatischen Beschwerden sehr bewährt. Man läßt 50 Gramm der Blätter in einem Liter Wasser kurz aufkochen, gießt es ab und trinkt den Tee über den Tag verteilt.

Mars, der Powerplanet, verleiht Fitneß und Kraft

Als Bäder sind jene mit Heublumen besonders zu empfehlen. Man setze Heublumenextrakt dem Wasser zu und nehme wenigstens zweimal in der Woche ein Bad (Badedauer 10 bis 20 Minuten). Nach dem Baden soll man sofort das Bett aufsuchen, da man stark nachschwitzt. Und noch ein altes Hausmittel gegen Rheumatismus: eine rohe Kartoffel in der Mitte teilen und damit die schmerzenden Stellen behutsam massieren.

DIE RICHTIGE DIÄT FÜR STEINBÖCKE

Steinböcke sollten bei ihrer Ernährung auf reichliche Flüssigkeitszufuhr achten. Von Natur aus haben sie nämlich die Tendenz, zuwenig zu trinken. Zwei Liter Wasser täglich, möglichst Quellwasser, ist für sie die unterste Grenze. Damit regen sie ihren Flüssigkeitshaushalt an und wirken der bei ihnen bestehenden Tendenz zu Verhärtungen (Steinbildung in Nieren und Blasen und Versteifungen) entgegen.
Die richtige Diät für einen Steinbock besteht daher aus stark wasserhaltigen Rohstoffen, also vor allem Gemüse und Früchten. Diese sollten möglichst roh oder höchstens gedünstet und ohne Salz zu sich genommen werden. Im Frühjahr und Herbst sollten sich Steinböcke regelmäßig jeweils eine Woche lang ohne Salz ernähren.

Beruf UND KARRIERE

GANZ NATÜRLICH IN OBERE ETAGEN

Steinböcke haben einen natürlichen Drang, nach oben zu kommen. Das ist allerdings nur den wenigsten unter ihnen von Anfang an klar. Viel eher setzt sich dieser »Trieb« beinah unbewußt oder unbemerkt durch: Bei jeder Wegkreuzung in seinem Leben wählt der Steinbock jenen, der nach oben führt, auch wenn er noch so beschwerlich ist.

Eine dreiundfünfzigjährige Steinbockfrau, die sich von mir beraten ließ, hatte in ihrem bisherigen Leben schon einiges erreicht: Ohne höhere Schulbildung (als ältestes von zwölf Kindern mußte sie schon früh für die Geschwister die Mutterrolle übernehmen) hatte sie es in der Zwischenzeit zur selbständigen Unternehmerin und Chefin von mehreren Dienstleistungsbetrieben im süddeutschen Raum gebracht. Als sie zu mir kam, sagte sie, daß sie jetzt eigentlich zum ersten Mal in ihrem Leben kürzertreten, sich mehr freie Zeit nehmen könne. »Der Laden läuft«, meinte sie. Aber wieder einmal war ihr Leben an eine Kreuzung gelangt. Ein Weg zeigte in Richtung Bequemlichkeit, der andere führte zu einer völlig neuen Aufgabe, nämlich dem Import von ausländischen Waren. Die Frau wollte nun wissen, wie »die Sterne« hinsichtlich dieser neuen Unternehmung stünden.

»Die Sterne« sagen einem Steinbock stets, daß er noch weiter, noch höher hinaus soll. Das liegt ihm im Blut. Arbeit macht ihn nicht müde, höchstens das Nichtstun. Ich kenne Steinböcke, die keinen Beruf ausüben, weil sie viel Geld geerbt haben. Unter diesen kenne ich jedoch keinen, der dabei glücklich wäre.

Nun darf man sich aber einen Steinbock nicht als ehrgeizigen und gestreßten Hektiker vorstellen. Im Gegenteil. Gerade weil es sein Naturell ist, arbeitet er in der Regel viel lässiger als andere. Er ist sogar eher die Ruhe selbst als ein nervengeplagter Mensch. Außenstehende wundern sich, daß er soviel (und meist auch Verantwortliches und Wichtiges) erledigen kann und trotzdem gutgelaunt und entspannt des Weges kommt.

Viele Steinböcke waren als Kinder und Jugendliche eher Leistungsverweigerer. Sie zeigen in der Schule häufig keinen besonderen Ehrgeiz und sind nicht an einem Studium interessiert. Dieser Befund wird auch von Ergebnissen der *Akte Astrologie* (Gunter Sachs) gestützt. Steinböcke studieren demnach signifikant weniger als der vergleichbare Bevölkerungsdurchschnitt. Aber sogar wenn sie als Fließbandarbeiter oder Putzfrau beginnen: Sie werden es nicht ewig tun! Sie sind so brauchbar und schließlich so unersetzlich, daß man sie irgendwann bittet, das Kommando zu übernehmen. Hinter ihren Erfolgen steckt aber kein machtbesessener Machiavellist. Viel eher strahlen sie etwas aus, was andere veranlaßt, ihnen immer mehr Verantwortung einzuräumen. Man könnte fast meinen, sie kämen bereits als Profis auf die Welt.

Ich kenne einen italienischen Steinbock, der als Hilfsarbeiter in einer Autofabrik anfing und heute Inhaber einer Restaurantkette ist. Ein anderer begann seine berufliche Karriere als Laufbursche in einem Hotel und leitet heute einen mobilen Partyservice, der bei Partys oder Feiern in ganz Deutschland bestellt wird. Eine Steinbockfrau verdingte sich als Sekretärin bei einem Jungfilmer und dirigiert heute ihre eigene Firma. Sofern Sie ein typischer Steinbock sind, brauchen Sie sich daher über Ihre berufliche Zukunft wohl keine Sorgen zu machen: Ganz egal, was Sie im Moment tun, Sie werden sich weiterentwickeln, es geht aufwärts. Auch wenn Sie im Augenblick keinen Job haben sollten, ist das absolut kein Grund, um zu verzweifeln: Sie werden Arbeit finden!

Ein Steinbock braucht keinen Boß, der ihm sagt, wo es langgeht. Das sieht er selbst. Verantwortung für die Sache ist ihm nämlich ebenfalls in die Wiege gelegt worden. Trotzdem ist der Steinbock nicht wie der Wassermann, der sich mit jeder Autorität anlegt. Nein, ein Steinbock erkennt stets Autoritäten an – aber er hat sie in aller Regel schnell ein- und überholt. Steinböcke sollten daher danach streben, ihr eigener Herr zu werden, sich einen Platz zu schaffen, an dem ihnen andere sowenig wie möglich ins Gehege kommen. Der Steinbock ist der geborene selbständige Unternehmer, egal, ob er einen kleinen Tabak-und-Zeitschriften-Laden, einen Handwerksbetrieb, eine Bar betreibt oder selbständiger Architekt ist.

Hier muß nun allerdings erwähnt werden, daß viele Steinböcke, vielleicht die meisten von ihnen, den sicheren und altbewährten Weg nach oben einschlagen: zum Beispiel die Beamtenkarriere oder eine sonstige Laufbahn im öffentlichen Dienst. Das sind vorgezeichnete Wege, die in Etappen mit genau definierten Pflichten und Privilegien hinaufführen: vom Amtmannanwärter bis zum Oberamtmann, vom

Der Tierkreis steht symbolisch für sämtliche Belange des Lebens

Gefreiten bis zum Major, vom Studienrat bis zum Studiendirektor, vom Anwalt bis zum obersten Richter. Es gibt viele Steinböcke, die ihr Bedürfnis nach Sicherheit dadurch befriedigen, daß sie in den öffentlichen Dienst gehen oder einen Beruf wählen, der gemeinhin als sicher gilt.

Sicherheit, Ordnung, Altbewährtes, Pflicht – dies alles ist extrem wichtig für Steinbockmenschen, manchmal sogar wichtiger als die Tätigkeit selbst. Mit anderen Worten, die Welt ist voller Steinböcke, die einer Tätigkeit nachgehen, die ihnen außer Sicherheit herzlich wenig bietet.

Vielleicht entstand bisher der Eindruck, Steinbockgeborene könnten alles machen, solange sie nur nach oben gelangen bzw. ihr eigener Herr werden können. Daran ist mehr als ein Körnchen Wahrheit. Sie leisten in der Tat überall Beachtliches, egal, was es ist. Dennoch gibt es Präferenzen. So arbeiten Steinböcke gern im Gastgewerbe. Sie kochen, mixen und schenken gern ein. Servieren mögen sie weniger, vielleicht wegen des zu direkten Kontakts mit den Gästen. Aber als Barkeeper, der hinter einer dicken Brüstung seine Getränke zaubert, ist man geschützt, da hat man sein Revier. Jedoch wird ein Steinbock – und ich wiederhole nur, was ich schon mehrmals sagte – nicht immer nur kochen oder servieren; irgendwann hat er sein eigenes Restaurant, seine eigene Bar und erscheint vielleicht nur noch, um die Tageseinnahmen abzuholen.

Des weiteren ist Erziehung ein ausgesprochenes Steinbockthema: Aus impulsiven, unreflektierten und lustbetonten Kindwesen in liebevoller und positiver Weise kontrollierte Erwachsene zu formen, dazu braucht es die Geduld, aber auch die Strenge des Steinbocks. Der berühmte Pädagoge Pestalozzi beispielsweise war ein Steinbock. Wo immer Wissen und Disziplin weitergegeben werden, im Kindergarten, in einem Seminar, in der Volkshochschule, beim Fahrunterricht, in Wachstumsgruppen, an der Universität, beim Managementtraining, sind Steinböcke stark vertreten. Es geschieht auch nicht selten, daß Steinböcke, die ursprünglich mit »Lehren« gar nichts am Hut hatten, zum Beispiel als Schuster, Koch oder Sekretärin begannen, irgendwann gefragt wurden, ob sie nicht ihr Wissen an andere weitergeben möchten.

Steinbock ist ein Erdzeichen. Es verweist damit auf Materie, Stofflichkeit und Konkretisierung. Steinbockgeborene arbeiten daher gern handwerklich, sachbetont und in der Natur. Sie werden häufig

Maurer, Gärtner, Landwirte, Mechaniker, Schreiner oder Zimmerleute. Ihr Wissen um die Gesetzmäßigkeit der Dinge läßt sich auch auf den menschlichen Körper übertragen: Steinböcke sind gute Masseure, Körpertherapeuten, Chiropraktiker und Orthopäden.
Steinbockgeborene wählen gern Berufe, bei denen sie vom Schreibtisch aus Anweisungen und Antworten geben, organisieren, verwalten, zusammenbringen, lenken und regieren können.
Und, nomen est omen, ein Lieblingsmaterial von Steinböcken ist tatsächlich Stein. Bildhauer, Mineralienhändler, Steinmetzen, Maurer, Fliesenleger, Bergleute, Geologen, Denkmalpfleger und Restaurateure sind Berufe, die dieser Vorliebe entsprechen.

WELTMEISTER IM ORGANISIEREN

Niemand kann besser organisieren als Steinböcke. Egal, was sie dabei vor sich haben, Kinder oder Erwachsene, Künstler oder Beamte, Kranke oder Gesunde, Menschen, Dinge oder Termine – sie gehen perfekt mit allem um. Was ihnen dabei zu Hilfe kommt, ist der Blick für das Wesentliche. Während sich andere mit Details und Nebensächlichkeiten abplagen, erkennen Steinböcke die Struktur, das Ganze, die Quintessenz. Es ist, als stünden sie tatsächlich auf einem Berg, von dem aus sich das größere Ganze erkennen ließe. Entsprechende Berufsrichtungen, in denen diese Fähigkeiten als unerläßlich gelten, sind Politik, Wirtschaft, Management, aber auch Verwaltung und Versorgung.
Ihre Fähigkeit, bestens auch mit sich selbst zurechtzukommen, prädestiniert manche Steinbockmenschen für solche Berufe, bei denen man allein arbeiten muß, beispielsweise als Bergbauer, Forscher, Astronom, Wachpersonal, Nachtwächter und Wetterbeobachter.

DAS ARBEITSUMFELD UND DIE BERUFE DER STEINBÖCKE

Wo arbeiten Steinböcke am liebsten?

Steinböcke arbeiten gern nach eigenen Vorstellungen und Regeln und werden daher am liebsten Unternehmer in eigener Regie. Des weiteren fühlen sie sich in ihrem Element, wo allgemeines Wissen, Regeln, Gesetze vermittelt und durchgesetzt werden. Sie scheuen weder schwierige noch unbequeme Arbeiten, und man findet sie dort, wo mit der Berufsausübung Einsamkeit verbunden ist. Darüber hinaus zieht es sie zu Berufen, bei denen überwacht, organisiert und verwaltet wird. Auch wo es um Belange der Allgemeinheit geht, finden sich Steinböcke, so zum Beispiel in der Erziehung, Versorgung, Familien- und Kommunalpolitik, im öffentlichen Dienst und den vielfältigen Tätigkeiten als Beamte. Forschung und Lehre sind ebenfalls Gebiete, auf denen sich Steinböcke Lorbeeren verdienen. Genauso leisten sie Großartiges in handwerklichen Berufen und in der Landwirtschaft.

Berufe des Steinbocks

A/B (Angestellter/Beamter) Arbeitsverwaltung, A/B Behörden Bund/Länder, A/B Bergverwaltung, A/B Bundesbank, A/B Bundesgrenzschutz, A/B Bundeswehrverwaltung, A/B Deutsches Patentamt, A/B Finanzverwaltung, A/B Gewerbeaufsicht, A/B Justizverwaltung, A/B Kommunalverwaltungen, A/B Kriminalpolizei, A/B Polizei, A/B Sozialversicherungsanstalten, A/B Strafvollzugsdienst, A/B Wetterdienst, A/B Zoll, Agraringenieur, Altenpfleger, Antiquitätenhändler, Anwendungsprogrammierer, Apotheker, Archivar, Astronom, Astrophysiker, Berufe bei der Deutschen Bahn AG, Berufe in Umweltorganisationen, Berufsschullehrer, Bibliothekar, Bilanzbuchhalter, Biochemiker, Biotechniker, Botaniker, Buchhalter, Bürogehilfe, Bürokaufmann, Chemotechniker, Datenbankspezialist, Datenverarbeitungskaufmann, Diakon, Dipl.-Ing. Elektrotechnik, Dipl.-Ing. Fachrichtung Chemie, Dipl.-Ing. Hoch- und Tiefbau, Dipl.-Ing. im Metallbereich, Dipl.-Ing. in der Entwicklung, Dipl.-Ing. in der Konstruktion, Dipl.-Ing. in Verfahrenstechnik, Dipl.-Ing. Vermessungswesen, Diplombetriebswirt, Diplomforstwirt, Diplomhandelslehrer, Diplomholzwirt, Diplominformatiker, Diplomkaufmann, Diplommathematiker, Diplompädagoge, Diplomphysiker, Diplomsozialarbeiter, Diplomsportlehrer, Diplomvolkswirt, EDV-Organisator, Einzelhandelskaufmann, Elektroniktechniker, Elektrotechniker, Energiemanager, Ethnologe, Facharzt für Chirurgie, Fachlehrer, Fachwirt für Tagungs-, Kongreß- und Messewirtschaft, Fahrlehrer, Gartenbauarchitekt, Gärtner, Gebäudetechniker, Geograph, Geologe, Geophysiker, Germanist, Gewerbelehrer, Gewerkschaftsfunktionär, Grund- und Hauptschullehrer, Haustechniker, Heimerzieher, Heimleiter, Historiker, Hochschullehrer, Hotelkaufmann, Industriekaufmann, Informatiker, Informationsbroker, Journalist, Jugendpfleger, Jurist, Kernphysiker, Kindergärtner, Kinderpfleger, Kultur- bzw. Medienmanager, Landespfleger, Landwirt, Lebensmittelchemiker, Lehrer in der Erwachsenenbildung, Lektor, mathematisch-technischer Assistent, medizinisch-technische Assistentin (MTA), Meteorologe, Mikrobiologe, Notar, Ökologe, Ökomanager, Organisator, pädagogischer Assistent, Philologe, Philosoph, physikalisch-technischer Assistent, Physiklaborant, physiologischer Chemiker, Politiker, Politologe, Postmitarbeiter, Privatdozent, Programmierer, Psychotherapeut, Rechtsanwalt, Rechtspfleger, Recyclingfachmann, Religionswissenschaftler, Reporter, Restaurator, Richter, Sekretär, Seminarleiter, Sonderschullehrer, Sozialwissenschaftler, Speditionskaufmann, Sportmanager, Sprachwissenschaftler, staatlich geprüfter Betriebswirt, Staatsanwalt, Statistiker, Steuerberater, Techniker in der Entwicklung, Techniker in der Fertigungstechnik, Techniker in der Konstruktion, Techniker in Verfahrenstechnik, technischer Zeichner, Teletutor, Theologe, Tierpräparator, Tourismusmanager

Test:

WIE »STEINBOCKHAFT« SIND SIE EIGENTLICH?

Mit Hilfe des folgenden Tests können Sie in Erfahrung bringen, wie typisch Sie für Ihr Tierkreiszeichen sind. Gehen Sie dabei so vor: Kreuzen Sie die Zahl an, wenn Sie die jeweilige Frage mit Ja beantworten. Falls Sie also gern Testfahrer wären, würden Sie die Zahl 1 ankreuzen. Wenn nicht, würden Sie dies nicht tun.

	+		–
Wären Sie gern Testfahrer?		1	
Sind Sie ein Mensch, der gern Geld zurücklegt?		2	
Haben Sie gern mit Kunst zu tun?		3	
Sind Sie gern unter Menschen?		4	
Würden Sie gern Politik machen?		5	
Können Sie anderen leicht sagen, was sie tun sollen?		6	
Können Sie sich vorstellen, allein in einer Wetterstation zu arbeiten?		7	
Lesen Sie viel und gern?		8	
Möchten Sie gern schwerkranke Menschen betreuen?		9	
Ist es Ihnen egal, was Sie arbeiten?		10	
Ordnen Sie sich leicht unter?		11	
Können Sie gut warten?		12	
Ist Ihnen Harmonie wichtig?		13	
Möchten Sie auf dem Lande leben?		14	
Stehen Sie gern in der Öffentlichkeit?		15	
Sind Sie der Meinung, daß Falschparker rigoros bestraft werden müssen?		16	
Möchten Sie an einer Diät als Testperson teilnehmen?		17	
Möchten Sie Gehälter abrechnen?		18	
Liegt Ihnen Zerstreuung sehr am Herzen?		19	
Arbeiten Sie lieber im Team als allein?		20	
Könnten Sie von der Hand in den Mund leben?		21	
Interessieren Sie sich für Mode?		22	
Mögen Sie das Risiko?		23	
Lassen Sie sich leicht überzeugen?		24	

	+		–
Wären Sie gern ein Entdeckungsreisender?		25	
Mögen Sie häufige Veränderungen?		26	
Möchten Sie auf einer Bühne stehen?		27	
Können Sie gut allein leben?		28	
Können Sie leicht auf die Tageszeitung verzichten?		29	
Möchten Sie gern Erwachsene unterrichten?		30	
Halten Sie Gefühle für wichtiger als den Verstand?		31	
Können Sie leicht aus sich herausgehen?		32	
Liegt Ihnen das Wohlergehen anderer am Herzen?		33	
Sind Sie gern Gastgeber?		34	
Betreuen Sie gern Kranke?		35	
Sind Sie ein geborener Lehrer?		36	
Sind Sie ein beständiger Mensch?		37	
Gehen Sie gern und häufig aus?		38	
Möchten Sie Menschen beraten?		39	
Möchten Sie Schaufenster dekorieren?		40	
Möchten Sie gefährliche Chemikalien transportieren?		41	
Können Sie sich vorstellen, hinter einem Bankschalter zu stehen?		42	
Treiben Sie gern Sport?		43	
Würden Sie gern als Diskjockey arbeiten?		44	
Möchten Sie als Animateur im Urlaub andere Menschen unterhalten?		45	
Möchten Sie in einem Modegeschäft Kleider verkaufen?		46	
Möchten Sie gern Reporter sein?		47	
Übernehmen Sie gern Verantwortung?		48	
Wären Sie gern Fotomodell?		49	
Können Sie leicht bei einer Sache bleiben?		50	

Summe: ______________

Auswertung

Schreiben Sie immer dann ein Plus (+) links neben die Zahl, wenn Sie die Nummern **2, 5, 6, 7, 12, 14, 16, 18, 28, 30, 36, 37, 39, 42, 48, 50** angekreuzt haben (maximal sechzehnmal ein Plus).

*Saturn ist der herrschende Planet aller Steinbockgeborenen.
Er verleiht ihnen das richtige Maß.*

Tragen Sie immer ein Minus (–) neben der Zahl ein, wenn Sie die Nummern **4, 10, 19, 20, 24, 26, 31, 32, 38, 44, 45, 46** angekreuzt haben (maximal zwölfmal ein Minus).
Ziehen Sie die Anzahl der Minus- von der Anzahl der Pluszeichen ab. Die Differenz ist Ihr Testergebnis.

Interpretation

Ihr Testergebnis beträgt 5 oder mehr Punkte: Sie sind eine hundertprozentige Steinbockpersönlichkeit. Alles, was in diesem Buch über die Natur Ihres Tierkreiszeichens geschrieben steht, trifft in besonderem Maße auf Sie zu. Sie sind solide, bewußt, klar und eindeutig. Hinter einer Sache, die Sie für richtig erachten, stehen Sie hundertprozentig. Dem Leben begegnen Sie beobachtend und eher distanziert. Sie sind ein »Erdmensch«, der seine Erfahrungen vor allem mit Hilfe seiner fünf Sinne macht.

Ihr Testergebnis liegt zwischen 0 und 4 Punkten: Bei Ihnen ist das Steinbocknaturell gedämpft. Wahrscheinlich haben Sie einen Aszendenten, der die Qualität Ihrer Steinbockpersönlichkeit in einer anderen Richtung beeinflußt. Oder Ihr Mond hat diese Wirkung. Für Sie ist es daher interessant, die Stellung Ihres Mondes und Ihren Aszendenten im zweiten Teil dieses Buches kennenzulernen. Es kann aber auch sein, daß Sie durch frühere Erfahrungen dazu veranlaßt wurden, Ihr Steinbocknaturell abzulehnen. Dann ist es besonders wichtig, daß Sie sich damit wieder anfreunden und es mehr zulassen.

Ihr Testergebnis beträgt weniger als 0 Punkte: Sie sind eine untypische Steinbockpersönlichkeit. Wahrscheinlich haben Sie einen Aszendenten, der sich völlig anders als das Steinbockprinzip deuten läßt, oder Ihr Mond steht in einem solchen Zeichen. Es wird sehr spannend für Sie sein, dies im zweiten Teil des Buches herauszufinden. Sie haben es aber im Lauf Ihres Lebens womöglich auch für nötig befunden, Ihre Steinbockseite abzulehnen und zu verdrängen. Es ist daher Ihre Aufgabe, sich mit diesem Teil Ihrer Persönlichkeit wieder anzufreunden: Sie sind zum großen Teil ein »Geschöpf der Erde« mit einem Naturell, das dafür geschaffen ist, Dinge voranzutreiben und darüber zu wachen, daß alles seine Richtigkeit hat.

Teil II IHRE INDIVIDUALITÄT

Der Aszendent und die Stellung von Mond, Merkur & Co. –

VORBEMERKUNG

In Teil I wurde erläutert, warum der Steinbock Ihr »Sternzeichen« ist, nämlich weil die Sonne zum Zeitpunkt Ihrer Geburt in diesem Abschnitt des Tierkreises stand. Nun gibt es in unserem Sonnensystem bekanntlich noch andere Himmelskörper, von denen der Erdtrabant Mond und die Planeten für die Astrologie bedeutsam sind. Sie alle haben ebenfalls entsprechend ihrer Stellung bei einer Geburt eine spezifische Aussagekraft. Obendrein spielen auch noch der Aszendent, die astrologischen Häuser und weitere Faktoren eine Rolle. Alles zusammen ergibt ein Horoskop.

Dieses Wort hat seine Wurzeln im Griechischen und heißt soviel wie »Stundenschau«, weil ein Horoskop auf die Geburtsstunde (eigentlich Geburtsminute) genau erstellt wird. Es ist also eine – in Zeichen und Symbole übersetzte – Aufnahme der astrologischen Gestirnskonstellationen zum Zeitpunkt einer Geburt. Es spiegelt die vollständige Persönlichkeit eines Menschen wider.

Im folgenden werden die neben der Sonne wichtigsten Größen eines Horoskops gedeutet: Aszendent, Mond, Merkur, Venus, Mars, Jupiter und Saturn. Sie können mit Hilfe des Geburtstags und der Geburtszeit ihre Position im Tierkreis ermitteln und dann die jeweilige Bedeutung kennenlernen. Die Interpretation dieser Horoskopfaktoren ist manchmal vom Sonnenzeichen des oder der Betreffenden abhängig, im großen und ganzen jedoch nicht. Wenn Sie also zum Beispiel ein Stier wären, dessen Mond im Widder stünde, müßte diese Mondstellung genauso gedeutet werden, wie wenn Sie vom Sonnenzeichen her eine Waage- oder eine Fischepersönlichkeit wären. Entsprechend finden Sie in den verschiedenen Bänden dieser Buchreihe in der jeweiligen Beschreibung des Aszendenten-, Mond-, Merkur-, Venus-, Mars-, Jupiter- und Saturnzeichens die gleichen Aussagen.

Auf der anderen Seite ist es wichtig zu verstehen, daß die Interpretation einer einzelnen Größe wie zum Beispiel Aszendent, Mond oder Sonne immer nur einen bestimmten Aspekt wiedergibt, der eventuell widersprüchlich zu dem sein kann, was über einen anderen Faktor gesagt ist. Die Kunst der Astrologie beruht aber gerade darauf, Verschiedenes,

eventuell sogar Sich-Widersprechendes miteinander zu verbinden bzw. gemäß der eigenen Intuition und Erfahrung zu gewichten.
Die Tabellen zur Berechnung des Aszendenten, der Mond-, der Merkur-, der Venus-, der Mars- und der Jupiterstellung in diesem Band gelten nur für Ihr Tierkreiszeichen, die Saturntabelle gilt auch für alle anderen Zeichen.

DER ASZENDENT

Von Ihrem Sonnenzeichen her sind Sie ein Steinbockgeborener, dies ist aber wie gesagt nur *ein* Aspekt Ihrer Persönlichkeit. Die Astrologie kennt noch viele andere, wovon der Aszendent der wichtigste ist. Für die Bestimmung des Aszendenten muß man allerdings die genaue Geburtszeit kennen. Sie ist erfahrbar, weil sie auf dem Standesamt des Geburtsorts festgehalten wird. Wenn Sie also die Zeit, zu der Sie das Licht der Welt erblickt haben, nicht kennen, haben Sie die Möglichkeit, dort anzufragen und um Auskunft zu bitten.
Als ich seinerzeit damit begann, Horoskope zu erstellen, war ich sehr erstaunt darüber, daß die Geburtszeit neben dem Geburtstag in den Büchern der Standesämter festgehalten wird. Der Geburtstag dient dem Staat neben anderen Angaben zur eindeutigen Identifizierung einer Person. Aber welchen Zweck erfüllt für die Bürokratie die Geburtszeit? Für mich liegt darin auch heute noch kein größerer Nutzen als dieser: Durch die schriftliche Fixierung der Geburtszeit liefern die Behörden der Astrologie die wichtigste Berechnungsgrundlage und ermöglichen so jedem Menschen einen Blick auf den ganz persönlichen, einzigartigen Anfang seines Lebens.
Der Aszendent symbolisiert Ihre individuelle Note. Das Sonnen- oder Tierkreiszeichen haben Sie ja gemeinsam mit allen Menschen, die wie Sie zwischen dem 22. Dezember und dem 20. Januar geboren sind. Der Aszendent jedoch ergibt sich aus Ihrer ganz persönlichen Geburtszeit.
Was ist denn nun der Aszendent? Bekanntlich dreht sich die Erde in zirka 24 Stunden um ihre eigene Achse. Von der Erde aus gesehen, beschreibt die Sonne dabei aber einen Kreis um unseren Planeten. Dieser Kreis wird – ebenso wie beim scheinbaren Kreislauf der Sonne um die Erde innerhalb eines Jahres – in zwölf Abschnitte unterteilt: die zwölf Zeichen des Tierkreises. Entsprechend steigt am östlichen Hori-

zont etwa alle zwei Stunden ein neues Tierkreiszeichen auf. Dasjenige, das zum Zeitpunkt Ihrer Geburt gerade dort aufging, nennt man »Aszendent« (dieser Begriff ist abgeleitet vom lateinischen Wort *ascendere* = »aufsteigen«).
Die Deutung des Aszendenten ist auch dementsprechend, denn zunächst einmal wollen Ihre Anlagen (repräsentiert durch den Aszendenten) das gleiche wie das Tierkreiszeichen am Himmel, nämlich »aufgehen«. Wenn Sie also Aszendent Widder »sind«, dann strebt die durch dieses Zeichen symbolisierte Kraft danach, in Ihrem Leben aufzugehen und stärker zu werden. Sind Sie Aszendent Fische, dann versuchen sich Fischekräfte in Ihrem Leben bemerkbar zu machen. Man kann auch sagen, daß Ihr Aszendent mit zunehmendem Alter immer stärker wird. Manchmal ergänzen sich Aszendent und Tierkreiszeichen, zuweilen sind sie völlig entgegengesetzt. Entsprechend fällt es einem leichter oder schwerer, seinen Aszendenten zusammen mit seinem »Stern-« bzw. Sonnenzeichen in sein Leben zu integrieren.

DIE ERMITTLUNG DES ASZENDENTEN

A Suchen Sie in Tabelle 1 Ihren Geburtstag, und tragen Sie die zugehörige Zahl in Feld 1 auf Seite 75 ein
(zum Beispiel: 19. Januar ergibt 103).

B Multiplizieren Sie Ihre Geburtsstunde mit der Zahl 15
(0.00 Uhr ergibt 0; 10.00 Uhr ergibt 150; und 23.00 Uhr ergibt 345).
Tragen Sie die gefundene Zahl in Feld 2 auf Seite 75 ein.

C Teilen Sie Ihre Geburtsminute durch die Zahl 4
(0 Minuten ergibt 0; 10 Minuten ergibt 2,5; 40 Minuten ergibt 10).
Tragen Sie die gefundene Zahl in Feld 3 auf Seite 75 ein.

Tabelle 1

21. Dezember	74
22. Dezember	75
23. Dezember	76
24. Dezember	77
25. Dezember	78
26. Dezember	79
27. Dezember	80
28. Dezember	81
29. Dezember	82
30. Dezember	83
31. Dezember	84
1. Januar	85
2. Januar	86
3. Januar	87
4. Januar	88
5. Januar	89
6. Januar	90
7. Januar	91
8. Januar	92
9. Januar	93
10. Januar	94
11. Januar	95
12. Januar	96
13. Januar	97
14. Januar	98
15. Januar	99
16. Januar	100
17. Januar	101
18. Januar	102
19. Januar	103
20. Januar	104
21. Januar	105

D Suchen Sie in der Landkarte den Abschnitt, in dem Ihr Geburtsort liegt, und tragen Sie die Ortszahl in Feld 4 auf Seite 75 ein (München ergibt 12, Berlin ergibt 13).

E Bilden Sie die Zwischensumme 1 aus Feld 1 bis 4.

F War bei Ihrer Geburt Sommerzeit? Dann muß die Zahl 15 abgezogen werden. Die Sommerzeiten in Deutschland, Österreich und der Schweiz finden Sie in der folgenden Tabelle auf Seite 73 bzw. 74.

G Bilden Sie die Zwischensumme 2. Ergibt sich eine Zahl von über 360, dann muß die Zahl 360 abgezogen werden.

H Bilden Sie die Summe 3.

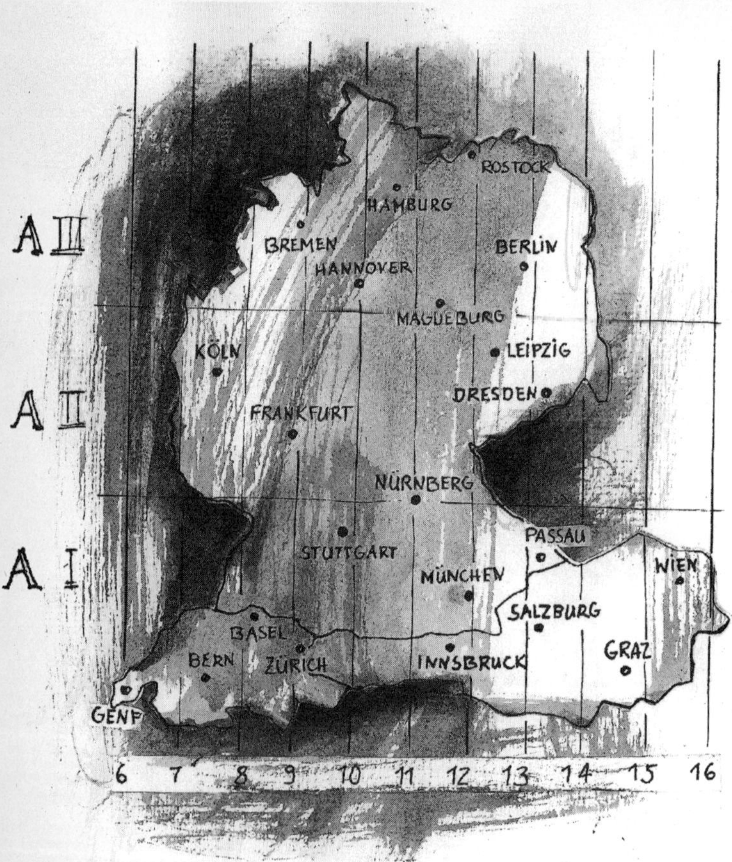

A III
A II
A I
ROSTOCK
HAMBURG
BREMEN
BERLIN
HANNOVER
MAGDEBURG
KÖLN
LEIPZIG
DRESDEN
FRANKFURT
NÜRNBERG
PASSAU
STUTTGART
WIEN
MÜNCHEN
SALZBURG
BASEL
BERN
ZÜRICH
INNSBRUCK
GRAZ
GENF
6 7 8 9 10 11 12 13 14 15 16

Sommerzeiten in Deutschland und Österreich

1940	1. April bis 31. Dezember
1941	1. Januar bis 31. Dezember
1942	1. Januar bis 1. November
1943	29. März bis 3. Oktober
1944	3. April bis 1. Oktober
1945	2. April bis 15. Oktober[1]
1946	14. April bis 7. Oktober
1947	6. April bis 5. Oktober[2]
1948	18. April bis 2. Oktober
1949	10. April bis 1. Oktober (D/sowj. bes. Zone bis 18. November)
1980	6. April bis 27. September
1981	29. März bis 26. September
1982	28. März bis 25. September
1983	27. März bis 24. September
1984	25. März bis 29. September
1985	31. März bis 28. September
1986	30. März bis 27. September
1987	29. März bis 26. September
1988	27. März bis 24. September
1989	26. März bis 23. September
1990	25. März bis 29. September
1991	31. März bis 28. September
1992	29. März bis 26. September
1993	28. März bis 25. September
1994	27. März bis 24. September
1995	26. März bis 23. September
1996	31. März bis 26. Oktober
1997	30. März bis 25. Oktober
1998	29. März bis 24. Oktober
1999	28. März bis 30. Oktober
2000	26. März bis 28. Oktober
2001	25. März bis 27. Oktober
2002	31. März bis 27. Oktober
2003	30. März bis 26. Oktober

[1] Im sowjetisch besetzten Gebiet Deutschlands vom 24. Mai bis 24. September doppelte Sommerzeit (mitteleuropäische Zeit minus 2 Stunden). Wenn Sie davon betroffen sind, sollten Sie sich ein professionell erstelltes Horoskop anfertigen lassen (siehe Info am Ende dieses Buches).

[2] 1947: doppelte Sommerzeit. Siehe Anm. 1.

Sommerzeiten in der Schweiz

1941	5. Mai bis 6. Oktober
1942	4. Mai bis 5. Oktober

Ab **1981** wie Deutschland und Österreich

Bestimmen Sie in Tabelle 2 Ihren Aszendenten. Dabei müssen Sie noch unterscheiden, ob Ihr Geburtsort in Abschnitt AI, AII oder AIII der Landkarte liegt.

Tabelle 2

AI	AII	AIII	Aszendent
270–280	270–279	270–278	Widder
281–284	280–283	279–282	Widder/Stier
285–297	284–295	283–291	Stier
298–303	296–301	292–299	Stier/Zwillinge
304–321	302–319	300–313	Zwillinge
322–330	320–328	314–325	Zwillinge/Krebs
331–355	329–353	326–348	Krebs
356–7	354–5	349–3	Krebs/Löwe
8–35	6–34	4–31	Löwe
36– 48	35–47	32–46	Löwe/Jungfrau
49–77	48–76	47–75	Jungfrau
78–89	77–89	76–89	Jungfrau/Waage
90–117	90–118	90–119	Waage
118–130	119–131	120–132	Waage/Skorpion
131–158	132–160	133–164	Skorpion
159–171	161–173	165–175	Skorpion/Schütze
172–197	174–200	176–204	Schütze
198–208	201–210	205–213	Schütze/Steinbock
209–228	211–230	214–235	Steinbock
229–235	231–237	236–239	Steinbock/Wassermann
236–249	238–251	240–254	Wassermann
250–254	252–255	255–256	Wassermann/Fische
255–265	256–266	257–266	Fische
266–269	267–269	267–269	Fische/Widder

Wenn Ihr Aszendent auf ein doppeltes Zeichen (zum Beispiel Widder/Stier) fällt, ist es ratsam, sich Ihren Aszendenten genau bestimmen zu lassen (siehe Info am Schluß des Buches).

Beispiel: Helga Mustermann, geb. am 5. 1. 1944 um 3.56 Uhr in Zürich

A	Feld 1	Ihr Geburtsdatum ergibt die Tageszahl	89	
B	Feld 2	Ihre Geburtsstunde ergibt die Stundenzahl	45	(3mal 15)
C	Feld 3	Ihre Geburtsminute ergibt die Minutenzahl	14	(56 durch 4)
D	Feld 4	Ihr Geburtsort ergibt die Ortszahl	9	
E	Zwischensumme 1		157	
F	Sommerzeit (?)	(–15) nein	–	
G	Zwischensumme 2		157	
	Über 360 (?)	(–360) nein	–	
H	**Summe 3**		**157**	

Im Beispiel ist der Aszendent (157 in AI) Skorpion.

Hier können Sie Ihren Aszendenten berechnen

A	Feld 1	Ihr Geburtsdatum ergibt die Tageszahl	______
B	Feld 2	Ihre Geburtsstunde ergibt die Stundenzahl	______
C	Feld 3	Ihre Geburtsminute ergibt die Minutenzahl	______
D	Feld 4	Ihr Geburtsort ergibt die Ortszahl	______
E	Zwischensumme 1		______
F	Sommerzeit (?)	(–15)	______
G	Zwischensumme 2		______
	Über 360 (?)	(–360)	______
H	**Summe 3**		______

Mein Aszendent lautet: ______________________

DIE ASZENDENTEN DER STEINBÖCKE

Wenn Sie Ihren Aszendenten ermittelt haben, können Sie nun im folgenden etwas darüber erfahren, was er über bestimmte Teilbereiche Ihrer Persönlichkeit aussagt (siehe auch die Vorbemerkung am Beginn von Teil II). Haben Sie ein doppeltes Zeichen errechnet, lesen Sie am besten nach, was über beide geschrieben steht – meistens erkennt man dann schon, welches das wahrscheinlichere ist. Sie können sich aber auch den Aszendenten bzw. ein ganzes Horoskop mit allen Gestirnskonstellationen errechnen lassen (siehe die Info am Ende dieses Buches).

Aszendent WIDDER

Vorteile Direkt, spontan, dynamisch, durchsetzungsstark
Nachteile Ungeduldig, launisch
Aszendentenherrscher Mars

Darüber sollte kein Zweifel bestehen: Sie geben den Ton an, Sie treffen die Entscheidungen – und zwar blitzschnell. Gegenargumente interessieren Sie zunächst einmal herzlich wenig! Manche werden Sie daher gelegentlich »skrupellos« nennen, vielleicht sogar einen »Egoisten« ... Aber was soll man machen? Sie sind nun mal ein temperamentvoller Mensch! Außerdem treten Sie ja niemandem grundlos auf die Füße. Also warum sollten Sie auf Ihre spontane, direkte Art verzichten, nur weil Sie von Schlafmützen umringt sind? Man wird doch wohl noch sagen dürfen, was Sache ist ...! Sie behaupten ja auch nicht, daß Sie mit Ihrem Aszendenten Widder ins diplomatische Korps aufgenommen werden möchten oder eine Beamtenkarriere mit dem Prädikat »gute Führung« anstreben. Dafür sind Sie viel zu temperamentvoll und ungeduldig.
Ihre Qualitäten sind ganz anderer Natur: Überall da, wo Neues entsteht, wo expandiert wird, da haben Sie Ihre große Chance. Sie sind der Ausputzer, und das nicht nur auf dem Fußballfeld. Losstürmen, zupacken, durchgreifen – das können Sie wie kaum ein zweiter.
Obwohl nicht gerade feinfühlig, sind Sie trotzdem sehr beliebt. Im Grunde bleiben Sie ein herrlicher Kindskopf bis ins hohe Alter – sind aber auch mit Achtzig noch unfähig, Ihre Wut und Ungeduld in den Griff zu kriegen.

Aszendenten-Check
Wie ergänzen sich Sonne und Aszendent? Ihr Sonnenzeichen Steinbock und Ihr Aszendentenzeichen Widder sind widersprüchlich. Das Widderprinzip setzt auf Bewegung und Dynamik, das Steinbockprinzip auf Ruhe und Kontrolle. Sie geraten daher immer wieder in ein Spannungsfeld zwischen Antrieb und Hemmung. Letztlich profitieren Sie aber davon, denn Sie erstarren weder vor lauter Kontrolle, noch verpuffen Ihre Bewegungen.

Aszendent STIER

Vorteile Solide, sachlich, praktisch, sinnlich
Nachteile Stur, inflexibel
Aszendentenherrscher Venus

Von Ihrer Aszendentenkraft her sind Sie ein Praktiker, der das Leben realistisch und mit Hilfe seiner fünf Sinne betrachtet. Wertvoll ist, was gut klingt, angenehm riecht und schmeckt, schön aussieht und sich anfassen läßt. Außerdem sind Sie hedonistisch, also bis in die Zehenspitzen genußorientiert, dabei aber nie leichtsinnig, flatterhaft oder unzuverlässig. Schnaps ist Schnaps, und Dienst ist Dienst! Und ohne Arbeit keine Kohle und ohne Kohle kein Vergnügen! Manche sehen in Ihnen deswegen nichts anderes als einen schnöden Materialisten, ohne zu erkennen, was Sie wirklich sind: Realist nämlich – und praktisch durch und durch, mit beiden Beinen fest auf der Erde.
Was Sie einmal als Ihr Eigentum deklariert haben, lassen Sie sich nur ungern wieder nehmen. Doch Sie sind kein knausriger Mensch; Sie sind durchaus bereit zu teilen, aber niemand darf Sie drängen!
Wenn Sie lieben, würden Sie sogar Ihr letztes Hemd verschenken. In derart rosaroter Stimmung wird aus Ihnen ein Philosoph, der nächtelang über Gott und die Welt räsoniert und sich vom wortkargen und nüchternen Pragmatiker zum redegewandten Charmeur mausert. Ihr Partner darf alles, bloß kein Asket sein – genausowenig aber auch kein lockeres Vögelchen, das Ihr geliebtes Geld zum Fenster rauswirft.

Aszendenten-Check
Wie ergänzen sich Sonne und Aszendent? Ihr Sonnenzeichen Steinbock und Ihr Aszendentenzeichen Stier ergänzen sich ausgezeichnet. Sie

sind ein Mensch, in dessen Nähe alles wächst und gedeiht. Sie sind realistisch, praktisch und genau. Etwas rechthaberisch werden Sie zuweilen auch sein, aber wenn man's weiß, kann man da ja bewußt gegensteuern.

Wichtig für Sie: Wo steht Venus? Siehe das Kapitel »Das Venushoroskop – Ihre Liebesfähigkeit«!

Aszendent ZWILLINGE

Vorteile Gewandt, beredt, vielfältig, kommunikativ
Nachteile Zerstreut, unsicher
Aszendentenherrscher Merkur

Lässig wie die Rose am Revers tummeln Sie sich durchs Leben, welches Ihnen, solange Sie in guter Verfassung sind, nie eintönig grau, sondern bunt und vielfältig wie der Blick durch ein Kaleidoskop erscheint. Sie beherrschen oft mehrere Sprachen, bestimmt aber einige Dialekte, und könnten ohne weiteres in völlig unterschiedlichen Branchen arbeiten oder das Management führen. Je unterschiedlicher die Aufgaben sind, die man Ihnen stellt, um so besser werden Sie. Am bemerkenswertesten sind Ihr Redetalent und Ihre Fähigkeit, Kontakte zu schließen. Aber Sie wollen das Leben in allen Nuancen auskosten, sind ungeheuer neugierig und möchten möglichst viele Menschen kennenlernen, und dafür muß man eben reden, reden, reden ...
Dogmen, starre Regeln, die Zehn Gebote oder der »Bart des Propheten« lassen Ihnen einen Schauer über den Rücken laufen. Denn Ihrer tiefsten Überzeugung nach hält sich das Leben auch nicht an feste Vorgaben und überkommene Vorstellungen, sondern gleicht eher einer schillernden Seifenblase, einem Glasperlenspiel oder einer Komödie mit ständig wechselnden Rollen.
Es gibt allerdings auch noch eine andere Seite bei Ihnen, der Sie weit weniger Aufmerksamkeit schenken, eine tiefe, hinterfragende, bohrende, verurteilende. Sie spielt Ihren Schatten, dämpft zuweilen Ihren Esprit, zieht Sie sogar manchmal völlig in den Keller.
Freiheit und Unabhängigkeit stehen in Ihrer persönlichen Werteskala an der Spitze, weshalb Sie auch regelmäßig Probleme in festen Beziehungen bekommen.

Aszendenten-Check
Wie ergänzen sich Sonne und Aszendent? Ihr Sonnenzeichen Steinbock und Ihr Aszendentenzeichen Zwillinge sind schwer unter einen Hut zu bringen. Um es ganz einfach auszudrücken: Der »Steinbockteil« will sich sammeln und konzentrieren, der »Zwillingeteil« will sich zerstreuen und amüsieren. Das kann wahnsinnig nervig, aber auch sehr anregend sein.

Aszendent KREBS

Vorteile Gefühlvoll, häuslich, sensibel, fürsorglich
Nachteile Launisch, abhängig
Aszendentenherrscher Mond

Sie sind ein bißchen rätselhaft und verlieren sich am liebsten in Ihrer eigenen oder anderer Leute Psyche. »Seelentaucher« könnte man Sie nennen ... Das Leibliche kommt deswegen aber noch lange nicht zu kurz. Sie sind ein Meister der Küche und würden sich, wenn Sie es drauf anlegten, allemal jede Menge »Kochlöffel« oder »-mützen« verdienen. Aber Sie sind auch scheu. Sie drängen nicht ins Rampenlicht. Über Ihre göttlichen Talente im Bett kann man nur munkeln. Wie kaum jemand anderes können Sie kindlich-ausgelassen albern sein. Aber Sie haben auch Ihre Launen. Wer die verstehen will, studiere zuerst Freuds Psychoanalyse, dann Dantes *Göttliche Komödie* und zum Schluß die hohe Kunst der Zen-Meditation.
In guten Zeiten sind Sie nämlich fröhlich, mit glänzenden Augen, extravertiert. Zwei Tage später vielleicht sind Sie wie verwandelt, stumm, scheu, abwesend, in sich gekehrt und zu wie eine Auster! Rätselhaft! Ein Mensch mit zwei Gesichtern! Und das alles, weil Sie wie kein anderes Tierkreiszeichen vom Mond abhängig sind. Beobachten Sie es einmal: Wird seine Sichel größer, wächst auch Ihr Selbstbewußtsein. Zieht sich der Mond zurück, leidet Ihr Nervenkostüm, die Empfindsamkeit wächst, und aus Angst, sich zu verletzen, ziehen Sie sich hinter Ihren Krebspanzer zurück.

Aszendenten-Check
Wie ergänzen sich Sonne und Aszendent? Ihr Sonnenzeichen Steinbock und Ihr Aszendentenzeichen Krebs liegen sich im Tierkreis genau ge-

genüber, sind daher einerseits extrem verschieden, ergänzen sich aber andererseits. Der »Steinbockteil« bringt Solidität und Sicherheit, symbolisch die Erde. Der »Krebsteil« bringt Wasser und damit Fruchtbarkeit.

Wichtig für Sie: Wo steht der Mond? Siehe das Kapitel »Das Mondhoroskop – Ihre Gefühle«!

Aszendent LÖWE

Vorteile Selbstbewußt, großzügig, herzlich, schöpferisch
Nachteile Stolz, träge
Aszendentenherrscher Sonne

Sie sind ein ganz besonderer Mensch. Sie gehen, sprechen, lächeln anders – nie unscheinbar, sondern immer mit Ausdruck. Ihr Geschmack ist untrüglich, und weil Sie nur das Echte und Ursprüngliche lieben, ist Ihr Leben ziemlich anspruchsvoll und teuer. Dazu kommt eine ungeheure Vitalität (ja, Sie können auch stinkfaul sein, aber das steht auf einem anderen Blatt).
Zurückhaltung, Bescheidenheit und Schamgefühl kommen in Ihrem Repertoire kaum vor. Sie sagen, was Sie denken, und tun, was Sie wollen – und damit basta! Kein Wunder, daß die anderen den Atem anhalten und Sie offen oder heimlich bewundern.
Gibt es allerdings Spannungen und Widersprüche, geben Sie rasch auf. Sie müssen in solchen Situationen verstehen, daß andere einen gewissen Respekt vor Ihnen haben: Sie werden es nicht so leicht wagen, Ihnen mit Forderungen oder gar Kritik zu nahe zu treten. Denn viele haben den Eindruck, daß Sie bei allem Humor und Großmut doch ziemlich abweisend sein können. Halten Sie darauf Ihr Augenmerk, machen Sie es anderen leichter, an Sie heranzukommen, damit Sie sich nicht – völlig unabsichtlich – selbst isolieren.
Wen Sie lieben, schließen Sie voll in Ihr Herz, aber sich einem Menschen zu unterwerfen empfinden Sie als Selbstaufgabe und Demütigung.

Aszendenten-Check
Wie ergänzen sich Sonne und Aszendent? Ihr Sonnenzeichen Steinbock und Ihr Aszendentenzeichen Löwe kommen schlecht miteinander

Die Sonne ist die wichtigste Kraft in einem Horoskop

aus. Ihr »Steinbockteil« setzt auf Kontrolle und Genauigkeit, der Löwe auf »Let's go« und Spaß. Letztlich kann aber aus dem Gegensatz auch ein fruchtbares Miteinander werden.

Aszendent JUNGFRAU

Vorteile Zuverlässig, ehrlich, sachlich, beschwingt
Nachteile Pessimistisch, kritisch
Aszendentenherrscher Merkur

Geistig fit und jung zu bleiben ist Ihnen sehr wichtig ... genauso wichtig wie ein ordentlicher Gefühlshaushalt. Von Verdrängungen und unausgesprochenen Emotionen halten Sie nämlich nichts – Sie wollen sich mit Ihren Gefühlen auseinandersetzen, darüber reden, um sich ein reines, unbeschwertes Wesen zu erhalten. Sie wissen, Sie schlafen dann besser. So lernen Sie von Kind auf, Ihre Wünsche allmählich in den Griff zu kriegen, wenn nötig, aufzuschieben, bis die Gelegenheit günstiger ist. Oder Sie streichen sie nach dem Motto »Was ich nicht weiß, macht mich nicht heiß« ganz von Ihrer Liste: eine äußerst pragmatische Einstellung.
Diese Vernunft, gepaart mit einer gewissen Nüchternheit, äußert sich auch bei anderen Gelegenheiten: In der Liebe zum Beispiel lodern die Flammen der Leidenschaft zwar durchaus heftig, aber Sie suchen auch ruhigere Freuden wie Freundschaft, Zuneigung, Zärtlichkeit, Fürsorge und Treue.
Anderen gegenüber sind Sie sehr kritisch. Als Entschuldigung läßt sich nur anführen, daß Sie mit sich selbst noch härter umspringen.

Aszendenten-Check
Wie ergänzen sich Sonne und Aszendent? Ihr Sonnenzeichen Steinbock und Ihr Aszendentenzeichen Jungfrau gehören beide dem Erdelement an und ergänzen sich daher bestens: Sie sind ein praktischer, realistischer Mensch, der sein Augenmerk auf die Dinge richtet, die sein Leben bequem und sicher machen können. Was dabei zu kurz kommen könnte, wenn Sie nicht von sich aus darauf achten, sind Gefühle und Intuition, alles Bereiche, die sich nicht so ohne weiteres »erschaffen« lassen. Suchen Sie daher auch den Kontakt mit den »Wassermenschen« Krebs, Skorpion und Fische.

Aszendent WAAGE

Vorteile Anmutig, charmant, stilvoll, neutral
Nachteile Abhängig, unecht
Aszendentenherrscher Venus

Mit Ihrer entgegenkommenden, freundlichen Art gelingt es Ihnen schnell, Kontakt zu anderen zu finden, und Sie wissen sofort, was Ihre Mitmenschen möchten. Bei Ihnen selbst blicken Sie allerdings weniger gut durch. Spontane Entscheidungen fallen Ihnen besonders schwer. Sie müssen alles genau abwägen, und häufig entscheiden dann andere für Sie.

Das ist auch in Partnerschaften der Fall. Wenn Sie am Anfang einer Liebe stehen, mag das noch angehen, aber auch dann, wenn eine Beziehung zu Ende geht, treffen eher Ihre Partner die Entscheidung, obwohl Sie in Wirklichkeit längst mit dem Gedanken einer Trennung gespielt haben.

Kreativität ist Ihnen angeboren. Sie haben Geschmack, Stil und tolle Einfälle. Der Nachteil: Alltagsroutine fällt Ihnen schwer. Am liebsten würden Sie immer nur schwelgen, lieben, die Welt verschönern ... Und zwar nicht nur äußerlich, sondern auch atmosphärisch. Sie sind bemüht, harte Kontraste und kantige Widersprüche in Ihrer Umgebung nach Möglichkeit zu vermeiden. Unter Freunden, in einer Partnerschaft oder Familie genauso wie in einem Arbeitsteam sorgen Sie für eine angenehme, heitere und entspannte Atmosphäre.

Das ist großartig, wenn es darum geht, Konflikte zu vermeiden oder Streithansel zu versöhnen. Aber es kann auch des Guten zuviel werden, nämlich dann, wenn Sie Unstimmigkeiten grundsätzlich aus dem Weg gehen. Lernen Sie, daß ein gewisses Maß an Streit und Auseinandersetzungen zu einem erfüllten Leben gehören!

Aszendenten-Check

Wie ergänzen sich Sonne und Aszendent? Ihr Sonnenzeichen Steinbock und Ihr Aszendentenzeichen Waage sind so verschieden wie »Erde« und »Luft«, die jeweils entsprechenden Elemente. Aber daraus kann auch etwas Neues werden, nämlich mehr Offenheit, Liebe und Kreativität.

Wichtig für Sie: Wo steht Venus? Siehe das Kapitel »Das Venushoroskop – Ihre Liebesfähigkeit«!

Aszendent SKORPION

Vorteile Furchtlos, unergründlich, leidenschaftlich
Nachteile Mißtrauisch, starr
Aszendentenherrscher Pluto

Nach außen hin pflegen Sie den Kult des geheimnisvollen Unbekannten: Keiner soll wissen, wie's in Ihrem Inneren aussieht. Sie selbst allerdings lesen in anderen wie in einem offenen Buch: Sie haben den Röntgenblick und einen »körpereigenen Lügendetektor« noch dazu. Gnadenlos decken Sie auf, wo immer mit gezinkten Karten gespielt wird, und legen, wenn's sein muß, den Finger genau in die offene Wunde. Stets sind Sie auf der Suche nach dem Echten und Wahren und weisen alles Künstliche und Oberflächliche kompromißlos ab.
Allerdings gibt es bekanntlich immer mehrere Wahrheiten – und hier beginnt das Problem: Sie neigen nämlich dazu, Ihre Meinung (oder diejenige, der Sie sich angeschlossen haben) zur alleinseligmachenden zu erklären. Sie müssen lernen, von einseitigen Vorstellungen loszukommen.
Ihr Lebensstil wird weniger von äußerlicher Bequemlichkeit geprägt als von Entschlossenheit und Konsequenz. Sie brauchen daher Herausforderungen. Es ist sogar so, daß Sie um so mehr leisten, je größer Ihre Aufgaben sind.

Aszendenten-Check
Wie ergänzen sich Sonne und Aszendent? Ihr Sonnen- und Ihr Aszendentenzeichen ergänzen sich prima, ja unterstützen sich regelrecht. Denn der »Steinbockteil« bringt Solidität und Sicherheit, symbolisch die Erde. Der »Skorpionteil« bringt Wasser, damit Gefühl, Tiefe und Fruchtbarkeit. Sinnbildlich gesprochen, kann die Erde des Steinbocks blühen und reiche Ernte bringen.

Aszendent SCHÜTZE

Vorteile Optimistisch, aufgeschlossen, mitreißend, jovial
Nachteile Unrealistisch, leichtgläubig
Aszendentenherrscher Jupiter

Ihr Leben ist eine fortwährende Suche nach Abwechslung und Überraschung, Änderung und Verwandlung: Es gibt für Sie keine größere Horrorvorstellung als die Aussicht, daß alles so bleibt, wie es ist. Als Maßnahme gegen die Langeweile stürzen Sie sich ins Abenteuer, treiben exzessiven Sport, fahren schnelle Autos und verbringen Ihren Urlaub abseits jeder touristischen Trampelroute. Streß und Improvisation sind die Motoren, die Sie antreiben und zu Höchstleistungen trimmen. Karriere machen Sie daher bestimmt nicht dort, wo Routine das wichtigste ist.
Parallel zu draußen ist auch drinnen Action angesagt: Sie kennen die Macht der Phantasie und zaubern daraus wie aus einer magischen Wundertüte immer wieder etwas Neues, Buntes hervor.
Ihr Auftreten ist dynamisch. Ausstrahlung braucht der erfolgreiche Mensch, Faszination, Charisma, Sex-Appeal! Und Sie strotzen von alledem! Wer es sich grundlegend mit Ihnen verderben will, braucht nur die Unwahrheit zu sagen. Lügen verachten Sie. Man darf von Ihnen auch nicht erwarten, daß Sie Ihre aufrichtige Meinung verbergen. Sie sagen, was Sie denken, und verärgern damit oft andere.

Aszendenten-Check
Wie ergänzen sich Sonne und Aszendent? Sie haben beides, Inspiration und einen gesunden Menschenverstand. Aber Sie brauchen Ziele, die Sie begeistern, und Menschen, die Sie begeistern können. Zuweilen kommen Sie in Konflikt zwischen Ihrer erdverbundenen und Ihrer ideellen Seite. Aber das macht Sie letzten Endes nur weise.

Wichtig für Sie: Wo steht Jupiter? Siehe das Kapitel »Das Jupiterhoroskop ...«!

Aszendent STEINBOCK

Vorteile Sachlich, objektiv, gerecht, zäh
Nachteile Hart, kalt
Aszendentenherrscher Saturn

Sie haben eine doppelte Steinbocknatur, weil Sie sowohl vom Sonnen- als auch vom Aszendentenzeichen her Steinbock »sind«. Nun kommt es allerdings ganz darauf an, ob Sie vor oder nach dem Sonnenaufgang geboren wurden. Diese Unterscheidung ist in der Astrologie äußerst wichtig. Sie sollten sich daher ein sogenanntes Radixhoroskop erstellen lassen (siehe die Info am Ende dieses Buches), denn anhand eines solchen Geburtshoroskops läßt sich diese wichtige Frage entscheiden. Vielleicht finden Sie es aber auch beim weiteren Lesen heraus.
Wurden Sie vor oder genau bei Sonnenaufgang geboren, steht Ihre Sonne im ersten Haus. Dann sind Sie ein »Paradesteinbock«: solide, sinnlich, praktisch und erdverbunden. Für Sie trifft all das, was über Steinbockgeborene im ersten Teil des Buches geschrieben wurde, in besonderem Maße zu. Was Ihren Beruf anbelangt, sollten Sie versuchen, eine Führungsfunktion zu übernehmen, denn dafür spricht diese Gestirnskonstellation.
Wurden Sie hingegen nach Sonnenaufgang geboren, sind Sie eher ein nachdenklicher, sensibler Mensch, der es nicht leicht hat, seine Steinbocknatur zu leben. Sie verfügen dafür über besondere mentale Begabungen, treffen den Zeitgeschmack und sind Ihrer Zeit häufig voraus. Durch unkonventionelles und schöpferisches Denken können Sie neue (berufliche) Wege einschlagen. Wichtig ist, daß Sie Ihr soziales Verantwortungsgefühl entwickeln, denn Sie sind ein Mensch, den es nicht glücklich macht, wenn er nur an sich selbst denkt: Sie haben anderen – der Gesellschaft als Ganzes – etwas zu geben.

Aszendenten-Check
Wie ergänzen sich Sonne und Aszendent? Sonnen- und Aszendentenzeichen sind gleich und verstärken sich gegenseitig.

Aszendent WASSERMANN

Vorteile Human, frei, unkonventionell, erfinderisch
Nachteile Abgehoben, nervös
Aszendentenherrscher Uranus

Sie haben die richtige Mischung aus kühler Vernunft, exzentrischen Angewohnheiten und schöpferischer Phantasie. Virtuos beherrschen Sie die feinsten gesellschaftlichen Umgangsformen und verachten dennoch jede Regel. Ihr bestbehütetes Gut ist Ihre Unabhängigkeit. Um sie zu retten, opfern Sie auch mal eine sichere, aber sterbenslangweilige Karriere als Beamter oder Angestellter im öffentlichen Dienst. Routine, Arbeit nach Vorschrift und Vorgesetzte, die Ihnen wie Geier aufs Aas auf die Finger starren, bedeuten das Aus für Ihr sprühendes Temperament.
Ihr Charakter zeigt eine gewisse Ähnlichkeit mit »Luft«. So sind Sie vom Wesen her sehr transparent und offenbaren sich leicht anderen Menschen. Und Sie lassen sich auch nur schwer greifen und begreifen und lösen sich wie Luft auf, wenn man Sie einmal wirklich packen möchte. Gefühle und Leidenschaften sind Ihnen vertraut. Aber diese berühren Sie niemals heftig und tief. Daher erfreuen Sie sich auch im Regelfall einer inneren Harmonie und Gelassenheit. Ihr Temperament ist eher fröhlich, heiter – sanguinisch.

Aszendenten-Check
Wie ergänzen sich Sonne und Aszendent? Ihr Sonnenzeichen Steinbock und Ihr Aszendentenzeichen Wassermann sind schwer unter einen Hut zu bringen. Ihr »Steinbockteil« macht Sie eher zu einem Konformisten, Ihr »Wassermann-Naturell« zum Rebellen. Dieser Widerspruch kann wahnsinnig nervig, aber – bei genügend Kompromißbereitschaft – und innerer Aufgeschlossenheit – auch sehr anregend sein.

Aszendent FISCHE

Vorteile Geheimnisvoll, intuitiv, sensibel, verständnisvoll
Nachteile Unsicher, unrealistisch
Aszendentenherrscher Neptun

Sie sind ein ewiges Rätsel! Naiv wie ein Kind, mysteriös wie eine Sphinx – mal messerscharf denkend, ja fast schon genial, dann wieder völlig abwesend, träumend, zerstreut, unfähig, die einfachsten Dinge auf die Reihe zu bringen. Gewöhnungsbedürftig für alle, die mit Ihnen leben, sind die Phasen, in denen Sie im Chaos versinken, sich gehenlassen und vernachlässigen.
Am erstaunlichsten ist Ihre Intuition – Ihre fast schon übersinnlichen Fähigkeiten: als könnten Sie Gedanken lesen, in die Zukunft blicken und hellsehen. Als Frau sind Sie noch eine Spur mysteriöser, obwohl Sie als Mann natürlich ebenfalls diesen »Faktor X« besitzen, ihn aber lieber vor der Öffentlichkeit verbergen. Auf der anderen Seite lassen Sie auch kaum ein Fettnäpfchen aus: Wenn's darum geht, sich so richtig schön danebenzubenehmen, kann Ihnen keiner das Wasser reichen! Auch das ist ein Grund, warum Sie sich oft so einsam und unverstanden fühlen: »Keiner liebt mich, keiner versteht mich ...« – ist das nicht Ihr Lieblingsvorwurf gegenüber dem Rest der Welt? Irgendwann werden Sie verstehen, warum Sie häufig allein sind: weil Sie so am glücklichsten sind! Das heißt jetzt nicht, daß Sie ins Kloster oder ins Himalajagebirge gehören. Im Gegenteil! Sie sind eine derartig schillernde und reizende Person, daß es nichts Schöneres gibt, als mit Ihnen den ewigen Reigen der Wassernymphen und Faune zu tanzen: locken, sich fangen lassen, entkommen, lachen und davonlaufen ...

Aszendenten-Check

Wie ergänzen sich Sonne und Aszendent? Ihr Sonnenzeichen Steinbock und Ihr Aszendentenzeichen Fische ergänzen sich, ja unterstützen sich regelrecht. Der »Fischeteil« bringt Wasser und damit Fruchtbarkeit und ergänzt die nüchterne Art des Steinbocks durch Tiefe und Intuition. Der »Steinbockteil« sorgt für den nötigen Halt.

Das Mondhoroskop – IHRE GEFÜHLE

Im folgenden Kapitel geht es darum, in welchem Zeichen der Mond zum Zeitpunkt Ihrer Geburt stand. Denn der Mond ist in der Astrologie neben der Sonne das bedeutsamste Gestirn.

Mondzeichen

Der Mond

»Au clair de la lune,
mon ami Pierrot,
prête-moi ta plume,
pour écrire un mot.
Ma chandelle est morte,
je n'ai plus de feu.
Ouvre-moi ta porte
pour l'amour de Dieu.«

Im Schein des Mondes,
mein Freund Pierrot,
leih mir deine Feder,
um ein Wort zu schreiben.
Meine Kerze ist aus,
ich habe kein Feuer mehr.
Öffne mir deine Türe
um der Liebe Gottes willen.

Französisches Volkslied

In einem Schöpfungsmythos heißt es, der Mond sei ein Kind der Erde. Ein anderer beschreibt ihn als Teil unseres Planeten, den dieser aus sich herausgerissen und in den Himmel geschleudert habe, um damit Raum für das Wasser der großen Ozeane zu schaffen: Und dieses Wasser brachte der Erde Fruchtbarkeit. Zu letzterer Geschichte würde passen, daß das Volumen des Mondes, großzügig bemessen, etwa so groß ist wie der Raum, den alle Meere zusammen einnehmen. Doch schon die frühesten Analysen von Mondgestein ergaben, daß Mond und Erde wegen des signifikanten Unterschieds der Beschaffenheit eine andere Entstehungsgeschichte haben müssen.

In allen Mythen, Geschichten und Erzählungen über den Mond wird er als weiblich, die Sonne hingegen als männlich gesehen. In den romanischen Sprachen setzt sich diese Tradition im grammatischen Geschlecht fort: So heißen Mond und Sonne beispielsweise im Italienischen *la luna* und *il sole* und im Französischen *la lune* und *le soleil.*

Von einem Vollmond bis zum nächsten verstreichen 28 Tage. Genauso lange dauert der Zyklus einer Frau. Schon dadurch ist die Beziehung zwischen Weiblichkeit und Mond überdeutlich: Die Sonne wird mit dem Männlichen assoziiert, der Mond mit dem Weiblichen.

Sonne	**Mond**
männlich	weiblich
Vater	Mutter
direkt	indirekt
ausstrahlend	empfangend
Verstand	Gefühl
aktiv	passiv
bestimmend	sorgend
logisch	intuitiv

Auch in der Astrologie verkörpert die Sonne zunächst einmal den Mann und der Mond die Frau. Die Frau ist ihrem Mond näher als ihrer Sonne.
Nehmen wir als Beispiel eine Dame mit der Sonne im Widder (also dem Tierkreiszeichen Widder) und dem Mond im Krebs. Sie wird sich nicht richtig verstanden fühlen, wenn sie in einem Astrologiebuch über ihr Tierkreiszeichen Widder liest, sie sei dynamisch, rücksichtslos, spontan, selbstsicher. Erfährt sie jedoch dann, was über den Mond im Krebs geschrieben steht – gefühlvoll, häuslich, anhänglich, fürsorglich –, wird sie sich sofort wiedererkennen. Mit anderen Worten: Eine Frau müßte eigentlich bei ihrem Mondzeichen nachlesen und nicht bei ihrem Sonnen- bzw. Tierkreiszeichen. Die gängige Astrologie ist offenbar stark am Mann orientiert: Ein Sonnen- oder Tierkreiszeichen-Horoskop findet man beinahe in jeder Zeitung, das Mondzeichen-Horoskop hingegen in kaum einer einzigen – was aber natürlich auch daran liegen dürfte, daß das Mondzeichen für den Leser schwieriger als das Sonnenzeichen zu ermitteln ist.
Je eher eine Frau jedoch ihre traditionelle Rolle verändert, nicht mehr nur Mutter und Hausfrau ist, sondern »ihren Mann steht«, um so mehr wird sie auch ihre Sonne leben. Allerdings wäre es jetzt wiederum völlig falsch, ihren Mond unberücksichtigt zu lassen.
Eine bewußte und emanzipierte Frau schöpft idealerweise aus Sonne und Mond: Führungsaufgaben, die von Männern in der Regel hierarchisch-gebieterisch gelöst werden, gehen Frauen meist anders an – sie lassen mehr Nähe (Mond) zu und können ihre Mitarbeiter dadurch viel besser motivieren. Auch bei Entscheidungen sind Frauen, die sowohl Logik (Sonne) als auch Intuition (Mond) zulassen können, Männern – wenn letztere sich denn nur »nach der Sonne richten« – um ein beträchtliches überlegen.
Sind bei einer Tätigkeit die dem Mond zugeschriebenen Eigenschaften beteiligt, fühlt man sich wohl, zu Hause, geborgen, mit sich stimmig. Darüber hinaus gibt es viele Bereiche, in denen mit Gefühl, Intuition, Geschmack, Ahnung, Atmosphäre und Stimmigkeit besser und erfolgreicher gearbeitet werden kann. Man denke nur an Kunst, Politik und das Heilen. Aber auch in der Wirtschaft müssen immer wieder Entscheidungen getroffen werden, bei denen man nichts in der Hand hat als eben ein gutes bzw. ein schlechtes Gefühl.

DIE ERMITTLUNG DES MONDZEICHENS

Um »Ihren persönlichen Mond« zu finden, gehen Sie nach der folgenden Beschreibung vor:

A Entnehmen Sie Ihre Jahres-Monatszahl der *Tabelle 1*:

Jahr*	**Dez.**	**Jan.**	**Jahr**	**Dez.**	**Jan.**	**Jahr**	**Dez.**	**Jan.**
1920	153	38	1948	257	163	1976	12	278
1921	271	194	1949	24	305	1977	132	56
1922	35	317	1950	144	67	1978	263	178
1923	159	80	1951	281	193	1979	38	317
1924	314	210	1952	68	335	1980	182	89
1925	81	4	1953	193	115	1981	303	226
1926	204	126	1954	315	237	1982	74	349
1927	330	250	1955	92	5	1983	210	127
1928	125	22	1956	239	145	1984	353	260
1929	252	175	1957	3	285	1985	113	36
1930	14	296	1958	126	47	1986	239	161
1931	142	59	1959	263	177	1987	23	296
1932	296	194	1960	50	316	1988	161	71
1933	63	345	1961	172	95	1989	284	205
1934	184	107	1962	298	216	1990	56	333
1935	314	230	1963	74	349	1991	194	109
1936	106	7	1964	221	126	1992	331	242
1937	233	155	1965	342	266	1993	95	15
1938	353	277	1966	110	27	1994	226	144
1939	126	40	1967	245	161	1995	6	280
1940	277	180	1968	31	297	1996	141	53
1941	43	325	1969	152	76	1997	266	185
1942	163	87	1970	281	197	1998	37	316
1943	298	211	1971	56	334	1999	177	91
1944	87	351	1972	202	107	2000	311	223
1945	214	135	1973	322	246	2001	76	355
1946	334	258	1974	92	7	2002	211	128
1947	116	22	1975	227	145	2003	348	261

B Entnehmen Sie Ihre Tageszahl aus *Tabelle 2*:

Tag	Zahl	Tag	Zahl	Tag	Zahl
1.	0	11.	132	21.	265
2.	13	12.	145	22.	278
3.	26	13.	159	23.	291
4.	40	14.	172	24.	304
5.	53	15.	185	25.	317
6.	66	16.	199	26.	331
7.	79	17.	212	27.	344
8.	92	18.	225	28.	357
9.	105	19.	238	29.	11
10.	119	20.	252	30.	24
				31.	37

C Entnehmen Sie die Stundenzahl aus *Tabelle 3*:

Geboren um	Punkte	Geboren um	Punkte
0–2 Uhr	–6	12–14 Uhr	+1
2–4 Uhr	–5	14–16 Uhr	+2
4–6 Uhr	–4	16–18 Uhr	+3
6–8 Uhr	–3	18–20 Uhr	+4
8–10 Uhr	–2	20–22 Uhr	+5
10–12 Uhr	–1	22–24 Uhr	+6

Ohne Geburtszeit beträgt die Stundenzahl 0.

* Sämtliche Planetentabellen beginnen mit dem Jahr 1920. Das bedeutet jedoch in gar keiner Weise, daß ältere Leser nicht angesprochen werden sollten. Aber irgendwo muß einfach ein Schnitt gezogen werden. Älteren Lesern wird empfohlen, sich ihre Planetenpositionen anhand eines Geburtshoroskops berechnen zu lassen (siehe Info am Ende dieses Buches).

Beispiel: Geburtstag am 5. Januar 1944, -zeit 3.56 Uhr:

A	Jahres-Monatszahl		351
B	Tageszahl		53
C	Stundenzahl		– 5
Summe			399
wenn über		360 (–360)	– 360
Summe total			**39**

Das Mondzeichen lautet Stier. Für dieses Beispiel kommt also der Text »Mond im Stier« in Frage. Ergibt sich ein doppeltes Mondzeichen (etwa Krebs/Löwe), können beide Textabschnitte richtig sein.

Hier können Sie Ihren persönlichen Mond bestimmen:

A	Jahres-Monatszahl		______
B	Tageszahl		______
C	Stundenzahl		______
Summe			______
wenn über		360 (–360)	______
Summe total			______

Die Auswertung:

Total	Mond im Zeichen
9–20	Widder
21–38	Widder/Stier
39–50	Stier
51–68	Stier/Zwillinge
69–80	Zwillinge
81–98	Zwillinge/Krebs
99–110	Krebs
111–128	Krebs/Löwe
129–140	Löwe
141–158	Löwe/Jungfrau
159–170	Jungfrau
171–188	Jungfrau/Waage
189–200	Waage
201–218	Waage/Skorpion
219–230	Skorpion
234–248	Skorpion/Schütze
249–260	Schütze
261–278	Schütze/Steinbock
279–290	Steinbock
291–308	Steinbock/Wasserm.
309–320	Wassermann
321–338	Wassermann/Fische
339–350	Fische
351–8	Fische/Widder

Ihr persönliches Mondzeichen lautet ______________________

DIE MONDZEICHEN DER STEINBÖCKE

Wenn Sie Ihr Mondzeichen herausgefunden haben, können Sie nun ähnlich wie beim Aszendenten im folgenden etwas darüber erfahren, was es über Ihre Persönlichkeit aussagt (siehe auch die Vorbemerkung am Beginn von Teil II dieses Buches). Haben Sie ein doppeltes Zeichen ermittelt, lesen Sie wieder am besten nach, was über beide Zeichen geschrieben steht – Sie erkennen dann wie gesagt sicher schon, welches das zutreffendere ist. Im Zweifelsfall können Sie sich aber auch ein genaues Horoskop errechnen lassen (siehe Info am Ende des Buches).

Mond im Widder – FEURIG

Mondstärken Gern etwas unternehmen. Direktheit, Selbständigkeit, Ichhaftigkeit. Suche nach eigenständiger Wirksphäre. Intensives Phantasieleben. Musikalische oder bildnerische Begabung. Unkonventionelle berufliche Wege einschlagen. Ideenträger sein. Erspüren von Macht
Mondschwächen Aggressivität. Spannung

Sie sind ein außergewöhnlich reizender Mensch, wirken jung, unschuldig, unkompliziert, und ein entwaffnender Charme nimmt Ihrem Angriff jeden Stachel. Sie äußern sich sofort, wenn Ihnen etwas nicht paßt. Diplomatie zählt nicht zu Ihren Stärken. Sie geben sich unverstellt und haben Ihr Herz am rechten Fleck. Sie können aber auch, und das erstaunt bei Ihnen, sehr empfindlich sein. Versucht man, Ihre Angriffe zu parieren, reagieren Sie mit so großer Betroffenheit, daß man seine eigene Rage schnell wieder vergißt. Am schlechtesten ertragen Sie, wenn Sie übersehen werden: Ohne Erfolgserlebnisse wandeln Sie sich trotz Ihres feurigen Widdermonds in ein Lamm, das resigniert auf bessere Zeiten wartet.

Ihre Liebesfähigkeit: Wer Sie liebt, lebt im siebten Himmel oder in der zehnten Hölle. Andere Varianten des Daseins gibt es für Sie kaum. Mit Ihnen kann man reisen, jeden Sport treiben und jederzeit ein gemeinsames Geschäft eröffnen. Eine Person, die zu Hause geduldig auf ihren Allerliebsten wartet, sind Sie aber gewiß nicht.

Mond-Check
Wie weiblich macht mich mein Mond? Nicht besonders stark. Widder ist ein sehr männliches Zeichen.
Wie mütterlich macht mich mein Mond? Sie sind der Typ »Kumpel zum Pferdestehlen«, aber kein ausgeprägter Muttertyp.
Wie gefühlvoll macht mich mein Mond? Sie sind sehr feurig. Aber das bedeutet nicht, daß Sie besonders gefühlvoll sind.
Wie intuitiv macht mich mein Mond? Sie haben starke Ahnungen und Wahrträume.

Mond im Stier – ERDIG

Mondstärken Gern leben und genießen. Gefestigtes Gefühlsleben. Naturliebe. Musikalität (besonders Gesang). Sammelleidenschaft. Gutmütigkeit. Häuslichkeit. Geschmack. Praktische Begabung. Fühlen, was Sache ist. »Geld riechen«
Mondschwächen Antriebsarmut. Materialismus

Sie stehen mit beiden Füßen fest auf Mutter Erde, aber nur dort, wo etwas gedeiht. Sie handeln und denken praktisch und verlieren nie den finanziellen Aspekt aus den Augen. Über Geldmangel brauchen Sie jedenfalls nicht zu klagen. Denn wer den Mond im Stier hat, den beschenken auch die Sterne. Zudem sind Sie eine äußerst sinnliche Person. Und mit diesem Potential glänzen Sie nicht nur in der Liebe. Sie können beispielsweise phantastisch kochen.

Ihre Liebesfähigkeit: Eine hervorstechende Eigenschaft ist Ihr Mut. Sie folgen einem Partner in die Antarktis oder heiraten einen Zirkusartisten. Ausgefallenes oder Skurriles weckt Ihr Interesse und nicht selten Ihre Leidenschaft. Sie suchen einen richtigen Partner, weil Sie wissen, daß Sie auch allein leben könnten. Im anderen Lager stehen Sie daher hoch im Kurs. Sie beschwören einerseits den Traum von himmlischer Liebe, entsprechen aber gleichzeitig dem Wunsch nach einem sehr bodenständigen, praktischen Partner. Im Umgang mit Ihnen zählt Respekt. Auf Achtlosigkeit reagieren Sie zunächst höflich, dann kalt, und schließlich schwören Sie Rache – und führen sie aus.

Mond-Check

Wie weiblich macht mich mein Mond? Sie sind sehr weiblich; beinahe so etwas wie der Inbegriff von Weiblichkeit (so Sie eine Frau sind).
Wie mütterlich macht mich mein Mond? Sie haben gern Kinder und Familie.
Wie gefühlvoll macht mich mein Mond? Sie besitzen ein sehr natürliches und selbstverständliches Gefühlsleben.
Wie intuitiv macht mich mein Mond? Sie sind allen Geschöpfen der Natur sehr nah und beziehen aus der Natur Kraft und Intuition.

Mond in den Zwillingen – HEITER

Mondstärken Gern reden und kontaktieren. Vielseitigkeit, Ausdrucksfähigkeit, Kontakt- und Kommunikationsfreude. Schriftstellerische Begabung. Leichten Zugang zum Seelischen. Andere Menschen intuitiv erfassen. Sich gut darstellen können. Andere überzeugen können

Mondschwächen Oberflächlichkeit. Manipulation. Enttäuschungen

Mit Ihrem Zwillingemond sind Sie ein heiterer, fröhlicher Mensch, der sein Gefühlsleben prima im Griff hat. Besondere Talente besitzen Sie darin, andere zu unterhalten und zwischen Menschen zu vermitteln. Sie werden daher gern von solchen aufgesucht, die allein sind. Über Ihre Gefühle zu reden macht Ihnen keinerlei Probleme. Mit Unausgesprochenem, Erfühltem und Erahntem können Sie wenig anfangen. Das hilft Ihnen zwar, einen klaren Kopf zu bewahren. Aber es entgeht Ihnen auch etwas, nämlich die schöne Erfahrung, sich in Zusammenhänge eingebunden zu erleben, die den eigenen Verstand übersteigen. Sich einfach einmal von den Wogen der Gefühle mitreißen zu lassen und sich ihnen hinzugeben, das sollten Sie ausprobieren.

Ihre Liebesfähigkeit: Auch die Liebe nehmen Sie wie Ihr Leben: leicht und bunt und bar aller Ernsthaftigkeit. Einem Schmetterling gleich flattern Sie von einem Höhepunkt zum nächsten und, wenn sich die Gelegenheit ergibt, auch mal von einem Partner zum anderen. Ihre Unabhängigkeit ist Ihnen so wichtig, daß Sie lieber allein leben, als in einer engen Zweierbeziehung zu ertrinken (wie Sie es nennen). Sie brauchen Ihre Freiheit.

Mond-Check

Wie weiblich macht mich mein Mond? Das Zeichen Zwillinge ist ein männliches; entsprechend männlich sind auch Sie.
Wie mütterlich macht mich mein Mond? Sie sind absolut kein »Muttertyp«.
Wie gefühlvoll macht mich mein Mond? Sie haben schwer Zugang zu tiefen Gefühlen.
Wie intuitiv macht mich mein Mond? Sie sind sehr intuitiv und berühren leicht Seelisches.

Mond im Krebs – GEFÜHLVOLL

Mondstärken Gern für andere dasein. Die Umwelt atmosphärisch erfassen. Erlebnistiefe. Seelische Beeindruckbarkeit. Naturverbundenheit. Starke unbewußte Kräfte. Mütterlichkeit. Häuslichkeit. Starkes Innenleben. Einfühlungsgabe. Weibliche Logik. Telepathische Fähigkeiten

Mondschwächen Täuschungen. Sich im Unbegriffenen verstricken. Probleme durch gespannte Mutterbeziehung

Sie können scherzen wie ein übermütiges Kind und die Welt mit glänzenden Augen betrachten. Sie können aber auch stumm, scheu, in sich gekehrt, abwesend und wie von einem unsichtbaren Panzer umgeben erscheinen. Wer den Mond im Krebs hat, verändert sich mit dem Wandel dieses Trabanten. Wird seine Sichel schmäler, ziehen Sie sich zurück. Nähert er sich jedoch seiner vollen, strahlenden Gestalt, wächst auch Ihr Mut. Streß und Druck versetzen Sie in Panik. Sie erledigen dann zwar Ihre Arbeit, aber von Ihrer Genialität bleibt wenig übrig.

Ihre Liebesfähigkeit: Die Liebe beherrschen Sie am vollkommensten. Sie sind anschmiegsam und lieben das Behagliche und auch Beharrliche. Um der Liebe willen würden Sie selbst am Nordpol leben; und auch dort wird es dann fein und kuschelig. Natürlich hat soviel Hingabe ihren Preis: Menschen mit dem Mond im Krebs wollen ihren Partner ganz und immer. Kompromisse gibt es nicht.

Mond-Check

Wie weiblich macht mich mein Mond? Der Krebsmond macht Sie extrem weiblich.
Wie mütterlich macht mich mein Mond? Eigene Kinder und eine Familie, für die Sie sorgen können, gehören zum Wichtigsten in Ihrem Leben.
Wie gefühlvoll macht mich mein Mond? Sie haben ein sehr starkes Gefühlsleben.
Wie intuitiv macht mich mein Mond? Ihre Träume und Ihre Intuition haben große Tiefe. Sie verfügen außerdem über große heilerische Fähigkeiten.

Eine besondere Mondphase beim Mond im Krebs: Vollmond
Sie sind in der Vollmondphase (zwei Tage vor bis zwei Tage nach dem Vollmond) geboren und damit ein besonderer Mensch. Denn Sie tragen in sich die lebendige Spannung zwischen Mann und Frau am deutlichsten. Das führt zu einem reichen und faszinierenden Beziehungsleben. Es kann aber auch große Konflikte für Partnerschaft und Liebe bringen.

Schau, der goldene Mond dort:
Er ißt Pomeranzen,
Schalen, die er fortwirft,
auf dem Wasser tanzen.

Spanischer Kinderreim

Mond im Löwen – STOLZ

Mondstärken Sich gern darstellen. Selbstvertrauen haben. Verantwortung übernehmen können. Künstlerische Kreativität. Ausdruckskraft. Sich für Schwächere einsetzen. Gerechtigkeitsempfinden. Unternehmungsgeist und Risikofreude. Schauspielerische Talente. Andere positiv motivieren können. Repräsentieren können

Mondschwächen Autoritätsprobleme mit weiblichen Vorgesetzten. Anlage zu Theatralik und Cholerik

Sie zeichnen sich durch einen superben Geschmack und eine untrügliche Nase für das Echte aus, sind vital, schöpferisch, originell, und Sie besitzen ein Herz aus purem Gold. In gewisser Weise ähneln Sie ganz dem Löwen, dem König unter den Tieren; auch in Ihren Adern fließt freies, ja königliches Blut. Die Beziehung zum Feuerelement ist ausgesprochen stark. Feuer, Wärme, Sonne sind Ihr Lebenselixier. Sie müssen daher immer wieder in den Süden, um Hitze aufzutanken.

Ihre Liebesfähigkeit: Wer mit Ihnen lebt, muß über ein Thema erhaben sein: Gleichberechtigung. Eine Frau oder ein Mann mit dem Mond im Löwen führen an und bestimmen den Ton. Dafür besitzt man in Ihnen einen Schatz, eine lächelnde Sonne, einen Menschen, der auf der angenehmen und erfolgreichen Seite des Lebens geht. Da muß Ihr Partner schon diesen Einsatz bringen ...

Mond-Check

Wie weiblich macht mich mein Mond? Löwemond-Menschen sind feurig und stark.

Wie mütterlich macht mich mein Mond? Sie spielen gern Mutter und verwöhnen andere.

Wie gefühlvoll macht mich mein Mond? Sie haben spontane, feurige Gefühle, verlieren sie aber auch schnell wieder.

Wie intuitiv macht mich mein Mond? Licht und Wärme nährt Ihre Intuition und führt zu großer Kreativität und Schöpferkraft.

Mond in der Jungfrau – FRÖHLICH

Mondstärken Gern organisieren, ordnen, ausführen. Fähigkeit zu gewissenhafter Prüfung. Hochentwickelter Sozialgedanke. Gespür für alle Bereiche, die mit Gesundheit zu tun haben. Zugang zu geheimem Wissen. Feines Gespür. Pflichtgefühl. Konzentrationsfähigkeit. Bewußtsein für Ernährung

Mondschwächen Ungelebte Emotionen manifestieren sich als psychosomatische Störungen

Sie sind äußerst anpassungsfähig. Sie stellen sich nur ungern gegen den Wind, »floaten« lieber und richten sich wie ein leichter Segler nach sanften Brisen. Sie drängeln auch nicht nach vorn. Bescheidenheit gehört zu Ihrem Naturell, und gegen jede Art von Hochstapelei sind Sie richtiggehend allergisch.

Ihre Liebesfähigkeit: Sie haben ein ausgesprochen fröhliches Naturell und trachten danach, Ihr eigenes Leben und das Ihres Partners so angenehm wie möglich zu gestalten. Aus allem das Beste zu machen, darin sind Sie sogar ein unübertroffener Meister. Ihre eigene Stimmung ist oft abhängig von der Ihres Partners. Fühlt er sich glücklich, sind Sie es auch. Was Ihre Treue anbelangt, sind Sie das Spiegelbild Ihres Partners: Was er sich leistet, leisten Sie sich auch. Selten brechen Sie als erste(r) aus. Geschieht es dennoch, ist das garantiert ein Zeichen dafür, daß der Energiefluß zwischen Ihnen und Ihrem Partner nicht mehr stimmt.

Mond-Check

Wie weiblich macht mich mein Mond? Eher mädchenhaft als weiblich (und burschikos beim Mann). Jungfrau ist ein weibliches Zeichen, und entsprechend weiblich sind Sie auch selbst.

Wie mütterlich macht mich mein Mond? Sie können die Aufgaben einer Mutter erfüllen, fühlen sich aber eher zu etwas anderem berufen.

Wie gefühlvoll macht mich mein Mond? Gefühlen gegenüber sind Sie eher mißtrauisch.

Wie intuitiv macht mich mein Mond? Die Natur ist Ihre große Lehrmeisterin. Sie können durch Wissen und Ihre heilenden Gaben ein Segen für andere Menschen werden.

Frau Mond schenkt Geborgenheit, Fruchtbarkeit und Intuition

Mond in der Waage – VERLIEBT

Mondstärken Andere spüren können. Gern unter Leuten sein. Kontaktfreude. Sinn für Ästhetik, Kunst, Schönheit. Verbindend und ausgleichend sein. Gerechtigkeitsliebe
Mondschwächen Sich schlecht entscheiden können. Allein unsicher sein. Antriebsarmut. Überempfindlichkeit

In Ihrer gefühlsmäßigen Stimmung richten Sie sich stark nach der Zuneigung und Sympathie Ihrer Mitmenschen. Ihr großes Bedürfnis nach Harmonie und Ihr Widerwille gegen Streit und Konfrontation kann Sie allerdings dazu verleiten, bestehende Differenzen der äußeren Form zuliebe nicht wahrhaben zu wollen. Das Aushalten und Akzeptieren von derartigen Ecken und Kanten im Leben bringt Sie einer ganzheitlichen Lebenserfahrung näher. Menschen, die selber nicht so ausgeprägt beziehungsorientiert sind, fühlen sich von Ihnen oft angezogen. Nach außen hin wirken Sie stark. Kennt man Sie aber näher, entdeckt man eine sensible Seele, Kinderträume und eine starke Suche nach Harmonie. Sie sind für die hübsche Seite des Lebens geboren. Mit der täglichen Routine hingegen haben Sie Ihre liebe Not.

Ihre Liebesfähigkeit: Sie sind der hingebungsvollste, einfühlsamste, zarteste, bezauberndste Mensch. Trotzdem zweifeln Sie immer zuerst an sich selbst, wenn Disharmonie aufkommt, und geben sich die Schuld an einer gescheiterten Beziehung. Hier sollten Sie lernen, sich stärker abzugrenzen und ruhig etwas egoistischer zu denken.

Mond-Check
Wie weiblich macht mich mein Mond? Er macht Sie zärtlich, einfühlsam und weiblich, jedoch nicht zu weiblich.
Wie mütterlich macht mich mein Mond? Sie können sich Kindern gegenüber schlecht durchsetzen.
Wie gefühlvoll macht mich mein Mond? Sie mögen Stimmungen, haben aber Probleme mit starken Emotionen.
Wie intuitiv macht mich mein Mond? Sie sind sehr sensibel und ungeheuer phantasievoll.

Mond im Skorpion – LEIDENSCHAFTLICH

Mondstärken Hinterfragen und aufdecken.
Im Krisenfall stark werden. Verantwortung übernehmen.
Okkulte, hellseherische, magische Fähigkeiten.
Mit suggestiver Ausstrahlung andere beeindrucken
Mondschwächen Ungelöste Familienproblematiken.
Von der Mutter nicht loskommen. Subtile Herrschsucht

Im Umgang mit Ihren Mitmenschen legen Sie oft eine gewisse Heftigkeit und Unberechenbarkeit an den Tag. Es ist daher für viele nicht leicht, die Motive Ihrer Handlungen nachzuvollziehen. So schwanken manche zwischen Bewunderung und Ablehnung. Man spürt, daß man sich auf große Intensität und Gefühlstiefe einläßt, wenn man eine Beziehung mit Ihnen eingeht. So ist Ihr Lebensstil weniger von äußerlicher Bequemlichkeit geprägt als von Entschlossenheit und Konsequenz.

Ihre Liebesfähigkeit: Ihr Seelenleben quillt über an Emotionen. Höchste Ekstase, teuflische Eifersucht, schmachtendes Sehnen, unüberbietbarer Sex, kosmische Vereinigung – es ist nahezu alles dabei. Darüber hinaus reagieren Sie allergisch auf jede Spur von Routine. Ein Leben mit Ihnen bleibt immer aufregend, und zugleich hat man einen Menschen an seiner Seite, der erst in Krisen richtig stark wird. Eines sollten Ihre Weggefährten noch beherzigen: Sie verzeihen alles, aber vergessen nichts. Wer daher grob Absprachen bricht, erhält, was ein Skorpion nur im äußersten Notfall produziert: martialisches Gift.

Mond-Check
Wie weiblich macht mich mein Mond? Sie besitzen große weibliche Kräfte.
Wie mütterlich macht mich mein Mond? Sie sind eine gute Mutter – auch als Mann.
Wie gefühlvoll macht mich mein Mond? Extrem gefühlvoll und leidenschaftlich.
Wie intuitiv macht mich mein Mond? Sie sind offen für magische Schwingungen und haben manchmal Visionen.

Mond im Schützen – UNABHÄNGIG

Mondstärken Optimistisch, motivierend, begeisterungsfähig, vielseitig. Schauspielerische Begabung. Rhythmus- und Musikgefühl. Im Ausland leben können. Schriftstellerische Talente. Sportliche Fähigkeiten und Interessen

Mondschwächen Überzogene Führungsansprüche. Blauäugigkeit. Naivität

Aus einer meistens optimistischen und lebensbejahenden Grundstimmung heraus lassen Sie sich leicht begeistern und mitreißen. Sie haben hohe Ansprüche und Ideale an sich selbst, aber auch an diejenigen Menschen, die Sie umgeben. Dabei kann es Ihnen passieren, daß Sie leicht einmal ins Schwärmen kommen, den Kontakt mit der konkreten Wirklichkeit verlieren und in Schwierigkeiten geraten. Ihr grundsätzlicher Optimismus bewahrt Sie aber davor, in Problemen zu versinken. Zwischen Hoffnung und Erfüllung lebend, entwachsen Sie nie ganz dem kindlichen Land Phantasia und suchen in der Welt die Erfüllung Ihrer Träume. Am stärksten werden Sie, wenn es darum geht, andere zu überzeugen und mitzureißen.

Ihre Liebesfähigkeit: Zuallererst brauchen Sie einen Partner, der Ihre Unabhängigkeit bewundert und Sie nicht einengt. Zweitens darf Ihr Partner nicht narzißtisch sein, denn Sie sind schonungslos offen; er muß die Wahrheit schon ertragen können. Drittens braucht Ihr Partner geistige Größe (Sie haben Sie schließlich auch), denn für Sie ist Liebe viel mehr als eine Bettgeschichte, nämlich ein Zusammentreffen von Körper, Geist und Seele.

Mond-Check

Wie weiblich macht mich mein Mond? Auch als Frau stehen Sie leicht Ihren Mann.

Wie mütterlich macht mich mein Mond? Sie haben etwas gegen zuviel Mütterlichkeit.

Wie gefühlvoll macht mich mein Mond? Sie sind feurig, ekstatisch – aber nicht gerade gefühlvoll.

Wie intuitiv macht mich mein Mond? Sie verfügen über eine große Intuition und Seelenstärke.

Mond im Steinbock – SELBSTÄNDIG

Mondstärken Klares Gefühlsleben. Selbstbeherrschung und Pflichtbewußtsein. Streben nach Objektivität und Klarheit. Ernsthaftigkeit. Liebe zu Beruf und Karriere. Suche nach sozialer oder politischer Verantwortung

Mondschwächen Sich selbst zu negativ sehen. Abhängigkeit von beruflichem Erfolg. Gefühlskontrolle

Der erste Eindruck von Ihnen ist oft der eines kühlen Menschen. Aber unter dem Hauch von Frostigkeit wartet ein warmes, anschmiegsames Geschöpf. Ihre weiche Seele zeigen Sie jedoch nur denjenigen, die Ihren hohen Ansprüchen genügen. Ihr Leben nehmen Sie selbst in die Hand. Sie brauchen einen Beruf und keinen Job und sollten daher eine qualifizierte Ausbildung anstreben. Diese wird sich auszahlen, denn mit dem Mond im Steinbock haben Sie die richtigen Voraussetzungen für Erfolg und Karriere.

Ihre Liebesfähigkeit: Die Behauptung, Sie seien abweisend und kalt, stammt garantiert von Personen, die bei Ihnen nicht landen konnten. Sie jedenfalls suchen auch beim Thema Liebe das Besondere, möchten auch hier Gipfel erleben. Aber Sie haben Ihre Gefühle im Griff, stehen über ihnen und mögen es nicht, wenn Menschen sich von den Launen ihrer Gefühle abhängig machen. Große Taten vollbringen Sie selbst, an Ihrem Traumpartner reizt Sie das andere; Sie erwarten Seelentiefe und – ganz im Gegenteil zu sich selbst – ein fast kindliches Gemüt. Auch das Rätselhafte übt einen magnetischen Einfluß auf Sie aus.

Mond-Check

Wie weiblich macht mich mein Mond? Sie sind sehr weiblich, auch ohne es nach außen hin deutlich zu zeigen.

Wie mütterlich macht mich mein Mond? Auch Ihre Mütterlichkeit ist ausgeprägt. Aber Sie wollen ebenso Karriere machen.

Wie gefühlvoll macht mich mein Mond? Sie verdrängen unliebsame Gefühle, was diese nur noch stärker macht.

Wie intuitiv macht mich mein Mond? Sie haben Zugang zu Wahrträumen.

Eine besondere Mondphase beim Mond im Steinbock: Neumond

Sie sind in der Neumondphase (zwei Tage vor bis zwei Tage nach Neumond) geboren. Sie sind damit ein besonderer Mensch. Denn in Ihnen ist eine große Sehnsucht nach inniger Nähe zu geliebten Menschen, die Sie in einer erfüllten Partnerschaft zu verwirklichen versuchen.

Füllest wieder Busch und Tal
Still mit Nebelglanz,
Lösest endlich auch einmal
Meine Seele ganz.

Johann Wolfgang von Goethe

Mond im Wassermann – FREI

Mondstärken Sozial, human, aufgeschlossen. Ungebunden. Veränderungsliebe. Reisefreude. Erfindungsgabe. Intuitionskraft. Vorurteilslosigkeit. Reformwillen
Mondschwächen Zwanghaft antiautoritäres Denken und Handeln. Verwirrtheit

Wenn Sie wollen, beherrschen Sie die feinsten gesellschaftlichen Umgangsformen, aber Sie können auch gegen jede Regel verstoßen. Jedenfalls sind Sie stets für eine Überraschung gut und lassen sich nicht in Normen pressen. Sie wollen, ja, müssen anders sein als alle anderen. Eine kreative Tätigkeit entspricht Ihrer Veranlagung. Dagegen werden Sie mit dem Frust, den das Leben bringt, schlecht fertig. Allem Neuen gegenüber zeigen Sie sich enthusiastisch. Aber Ihr Interesse erlischt auch schnell wieder. Sie müssen daher lernen, am Ball zu bleiben.

Ihre Liebesfähigkeit: Ihr Liebesleben ist widersprüchlich. Auf der einen Seite spielen Sie mit dem Feuer, haben das Flirten für Ihr Leben gern und sind bereit, sich auch in eine aussichtslose Beziehung einzulassen, wenn diese nur genügend Aufregung verspricht. Auf der anderen Seite können Sie völlig ohne Sexualität auskommen. Das liegt daran, daß Sie mit dem Mond im Wassermann hohe und ausgesprochen idealistische Ansprüche an die Liebe stellen. Tief in Ihrer Seele empfinden Sie sich als Engel und streben nach einer geistigen, beinah überirdischen Liebe, bei der das Körperliche nur noch eine Nebenrolle spielt.

Mond-Check

Wie weiblich macht mich mein Mond? Der Wassermannmond hebt Sie beinahe über die Unterscheidung männlich-weiblich: Beide Seiten sind Ihnen sehr vertraut.
Wie mütterlich macht mich mein Mond? Sie sind der beste Gefährte und Freund aller Kinder, aber absolut kein Muttertyp.
Wie gefühlvoll macht mich mein Mond? Tiefen Gefühlen gegenüber sind Sie mißtrauisch.
Wie intuitiv macht mich mein Mond? Sie haben häufig Offenbarungsträume, in denen Sie Hinweise für Ihren Lebensweg erhalten.

Mond in den Fischen – MYSTERIÖS

Mondstärken Mediale Fähigkeiten. Heilerische Qualitäten. Kraft durch Glauben. Sensibilität beruflich nutzen können (zum Beispiel als Heilpraktiker). Liebe für andere, Liebe zur Schöpfung. Sich auf instinkthaftes Gespür verlassen können

Mondschwächen Wirre Phantasievorstellungen. Unsicherheit. Bindungslosigkeit

Sie sind vielschichtig und widersprüchlich: Sie können in einer Woge des Mitgefühls für die gesamte Schöpfung schwimmen, aber manchmal stehen Sie abgehoben und einsam über dem Rest der Welt. Sie verfügen über feinste Antennen, erahnen sogar die Gedanken anderer, und dann wieder stapfen Sie bereitwillig in jedes nur erdenkliche Fettnäpfchen. Ihre Intuition ist ungeheuer. Manche unter Ihnen ahnen in ihren Träumen zukünftige Ereignisse voraus. Auch als Heiler und Helfer vollbringen Sie beinahe Wunder. Wie mit einem sechsten Sinn behaftet, spüren Sie, was einem anderen fehlt. Sie müssen sich aber auch schützen, denn Sorgen und Probleme springen nur allzu leicht von anderen auf Sie selbst über.

Ihre Liebesfähigkeit: Es ist leicht, sich in Sie zu verlieben, denn Sie locken und verführen mit einem sphinxartig-unergründlichen Wesen. Jeder fühlt sich verstanden und erlöst von seiner Einsamkeit. Die Partnerschaft mit Ihnen ist jedoch eine ganz andere Sache. Wer sie eingeht, beherrscht früher oder später die Quadratur des Kreises. Sie sind nicht nur ein schillerndes und anmutiges, sondern auch ein äußerst widersprüchliches Geschöpf. Hält Ihr Partner dies aus, werden Sie ihm aber viel Glück, Freude und Segen bringen.

Mond-Check

Wie weiblich macht mich mein Mond? Sie sind äußerst weiblich, können diese Seite aber auch vollkommen verstecken und verdrängen.
Wie mütterlich macht mich mein Mond? Sie fühlen sich als Mutter der gesamten Schöpfung.
Wie gefühlvoll macht mich mein Mond? Sie sind ungeheuer gefühlvoll.
Wie intuitiv macht mich mein Mond? Unter allen Mondstellungen sind Sie am intuitivsten.

Das Merkurhoroskop –
SCHLAU, KOMMUNIKATIV UND GÖTTLICH BERATEN SEIN

Der römische Gott Merkur entspricht ganz dem Hermes der griechischen Mythologie. Er war ein äußerst schillernder Gott, ausgestattet mit zahlreichen Eigenschaften und Funktionen. Respekt und Bewunderung erwarb er sich durch Klugheit und Raffinesse. So stahl er – gerade erst als Sohn des Jupiter und der Nymphe Maia geboren – dem Gott Apoll eine Rinderherde. Von diesem zur Rede gestellt, spielte er auf einem mit Fell und Saiten versehenen Schildkrötenpanzer derart gekonnt auf, daß Apolls Zorn verflog und er ihm die Rinder im Tausch gegen das Musikinstrument überließ. »Ganz nebenbei« hatte Merkur auf diese Weise die Lyra »erfunden«, jenes zauberhafte Instrument, mit dem später Orpheus Menschen wie Götter verzauberte.
Gott Merkur war also klug und listig – und genau diese Fähigkeit verleiht er auch uns Menschen. Er macht beredt, erfinderisch und verhilft einem auch mal zu einer guten Ausrede. Seiner listigen Eigenschaften wegen wurde er zum Gott der Kaufleute, Diebe und Bänkelsänger. Seine Fröhlichkeit machte ihn zum Schutzpatron all derjenigen, die auf heiteren Wegen wandeln. Und sein Diebstahl der Kühe ließ ihn selbstredend zum Gedeihen der Viehherden beitragen. Infolge seiner Lust am Reden und seines Talents, sich allemal in ein günstiges Licht zu setzen, wurde er der göttliche Freund all derer, die viel sprechen, schreiben und auf der Bühne stehen: Dichter, Sänger, Schauspieler, Politiker, Talkmaster, Ansager, Komiker, Artisten oder Musiker. Wie wir denken, reden, kommunizieren, uns darstellen und uns verkaufen, das alles verrät die Position Merkurs in unserem Horoskop. Er verkörpert unsere unbeschwerte Seite und den leichtesten Weg, den man gehen kann.
Aber Merkur hat noch mehr auf Lager: Bei den Griechen galt er als Diener Jupiters und als Götterbote, der zwischen dem Olymp, dem Wohnort der Unsterblichen, und den Menschen drunten auf der Erde vermittelte. Und er begleitete auch die Seelen der Verstorbenen in die Unterwelt. Er besaß geflügelte Sandalen und einen geflügelten Hut, damit er rasch hin und her eilen konnte. Ein weiteres Attribut war sein Heroldsstab, der Kerykeion, ein Zauberstab.

Hermes überbrachte also den Willen seines Vaters Zeus. So führte er zum Beispiel in dessen Auftrag Hera, Athene und Aphrodite zum Idagebirge, wo Paris den goldenen Apfel der – seiner Wahl nach – schönsten der Frauen überreichen sollte. Seine Entscheidung für Aphrodite, die ihm dafür Helena versprochen hatte, löste später bekanntlich den Trojanischen Krieg aus.

Tatsächlich fungiert Merkur auch in der Astrologie als eine Art »Empfangs- und Sendestation«. Wo er sich in unserem Horoskop befindet, sind uns die Götter besonders nah und übermitteln uns ihre Botschaften und Nachrichten. Umgekehrt können wir dort die Götter am ehesten erreichen.

Merkur ist der sonnennächste Planet. Er zieht seine Kreise um unser Zentralgestirn so eng, daß er sich nie mehr als ein Zeichen von der Sonne entfernen kann. Das führt auch dazu, daß Merkur in vielen Horoskopen die gleiche Tierkreiszeichenposition einnimmt wie die Sonne.

DIE ERMITTLUNG DES MERKURZEICHENS

Suchen Sie in der folgenden Merkurtabelle Ihren Geburtstag, und entnehmen Sie Ihre Merkurposition, die Sie auf den entsprechenden Text im anschließenden Kapitel über Ihre Merkurzeichen verweist. (Siehe auch die Vorbemerkung am Beginn von Teil II dieses Buches.)

Die Merkurtabelle

1920* 1.1.–7.1. Schütze, 8.1.–21.1. Steinbock, 21.12.–31.12. Schütze, **1921** 1.1.–18.1. Steinbock, 19.1.–21.1. Wassermann, 21.12.–23.12. Schütze, 24.12.–31.12. Steinbock, **1922** 1.1.–10.1. Steinbock, 11.1.–21.1. Wassermann, 21.12.–31.12. Steinbock, **1923** 1.1.–4.1. Steinbock, 5.1.–21.1. Wassermann, 21.12.–31.12. Steinbock, **1924** Steinbock, **1925** 1.1.–13.1. Schütze, 14.1.–21.1. Steinbock, 21.12.–31.12. Schütze, **1926** 1.1.–10.1. Schütze, 11.1.–21.1. Steinbock, 21.12.–31.12.

* Siehe auch die Anmerkung zur Mondtabelle.

Schütze, **1927** 1.1.–4.1. Schütze, 5.1.–21.1. Steinbock, 21.12.–28.12. Schütze, 29.12.–31.12. Steinbock, **1928** 1.1.–15.1. Steinbock, 16.1.–21.1. Wassermann, 21.12.–31.12. Steinbock, **1929** 1.1.–7.1. Steinbock, 8.1.–21.1. Wassermann, 21.12.–31.12. Steinbock, **1930** 1.1. Steinbock, 2.1.–21.1. Wassermann, 21.12.–31.12. Steinbock, **1931** 1.1.–21.1. Steinbock, 21.12.–31.12. Schütze, **1932** 1.1.–13.1. Schütze, 14.1.–21.1. Steinbock, 21.12.–31.12. Schütze, **1933** 1.1.–7.1. Schütze, 8.1.–21.1. Steinbock, 21.12.–31.12. Schütze, **1934** 1.1.–19.1. Steinbock, 20.1.–21.1. Wassermann, 21.12.–25.12. Schütze, 26.12.–31.12. Steinbock, **1935** 1.1.–12.1. Steinbock, 13.1.–21.1.Wassermann, 21.12.–31.12. Steinbock, **1936** 1.1.–5.1. Steinbock, 6.1.–21.1. Wassermann, 21.12.–31.12. Steinbock, **1937** 1.1. Steinbock, 2.1.–9.1. Wassermann, 10.1.–21.1. Steinbock, 21.12.–31.12. Steinbock, **1938** 1.1.–6.1. Steinbock, 7.1.–12.1. Schütze, 13.1.–21.1. Steinbock, 21.12.–31.12. Schütze, **1939** 1.1.–11.1. Schütze, 12.1.–21.1. Steinbock, 21.12.–31.12. Schütze, **1940** 1.1.–5.1. Schütze, 6.1.–21.1. Steinbock, 21.12.–28.12. Schütze, 29.12.–31.12. Steinbock, **1941** 1.1.–16.1. Steinbock, 17.1.–21.1. Wassermann, 21.12. Schütze, 22.12.–31.12. Steinbock, **1942** 1.1.–8.1. Steinbock, 9.1.–21.1. Wassermann, 21.12.–31.12. Steinbock, **1943** 1.1.–2.1. Steinbock, 3.1.–21.1. Wassermann, 21.12.–31.12. Steinbock, **1944** 1.1.–21.1. Steinbock, 21.12.–23.12. Steinbock, 24.12.–31.12. Schütze, **1945** 1.1.–13.1. Schütze, 14.1.–21.1. Steinbock, 21.12.–31.12. Schütze, **1946** 1.1.–9.1. Schütze, 10.1.–21.1. Steinbock, 21.12.–31.12. Schütze, **1947** 1.1.–2.1. Schütze, 3.1.–21.1. Steinbock, 21.12.–26.12. Schütze, 27.12.–31.12. Steinbock, **1948** 1.1.–13.1. Steinbock, 14.1.–21.1. Wassermann, 21.12.–31.12. Steinbock, **1949** 1.1.–5.1. Steinbock, 6.1.–21.1. Wassermann, 21.12.–31.12. Steinbock, **1950** 1.1.–15.1. Wassermann, 16.1.–21.1. Steinbock, 21.12.–31.12. Steinbock, **1951** 1.1.–21.1. Steinbock, 21.12.–31.12. Schütze, **1952** 1.1.–12.1. Schütze, 13.1.–21.1. Steinbock, 21.12.–31.12. Schütze, **1953** 1.1.–6.1. Schütze, 7.1.–21.1. Steinbock, 21.12.–29.12. Schütze, 30.12.–31.12. Steinbock, **1954** 1.1.–17.1. Steinbock, 18.1.–21.1. Wassermann, 21.12.–22.12. Schütze, 23.12.–31.12. Steinbock, **1955** 1.1.–10.1. Steinbock,

11.1.–21.1. Wassermann, 21.12.–31.12. Steinbock, **1956** 1.1.–3.1. Steinbock, 4.1.–21.1. Wassermann, 21.12.–31.12. Steinbock, **1957** 1.1.–21.1. Steinbock, 21.12.–28.12. Steinbock, 29.12.–31.12. Schütze, **1958** 1.1.–13.1. Schütze, 14.1.–21.1. Steinbock, 21.12.–31.12. Schütze, **1959** 1.1.–9.1. Schütze, 10.1.–21.1. Steinbock, 21.12.–31.12. Schütze, **1960** 1.1.–3.1. Schütze, 4.1.–21.1. Steinbock, 21.12.–26.12. Schütze, 27.12.–31.12. Steinbock, **1961** 1.1.–14.1. Steinbock, 15.1.–21.1. Wassermann, 21.12.–31.12. Steinbock, **1962** 1.1.–6.1. Steinbock, 7.1.–21.1. Wassermann, 21.12.–31.12. Steinbock, **1963** 1.1. Steinbock, 2.1.–20.1. Wassermann, 21.1. Steinbock, 21.12.–31.12. Steinbock, **1964** 1.1.–21.1. Steinbock, 21.12.–31.12. Schütze, **1965** 1.1.–12.1. Schütze, 13.1.–21.1. Steinbock, 21.12.–31.12. Schütze, **1966** 1.1.–7.1. Schütze, 8.1.–21.1. Steinbock, 21.12.–31.12. Schütze, **1967** 1.1.–19.1. Steinbock, 20.1.–21.1. Wassermann, 21.12.–24.12. Schütze, 25.12.–31.12. Steinbock, **1968** 1.1.–11.1. Steinbock, 12.1.–21.1. Wassermann, 21.12.–31.12. Steinbock, **1969** 1.1.–3.1. Steinbock, 4.1.–21.1. Wassermann, 21.12.–31.12. Steinbock, **1970** Steinbock, **1971** 1.1.–2.1. Steinbock, 3.1.–13.1. Schütze, 14.1.–21.1. Steinbock, 21.12.–31.12. Schütze, **1972** 1.1.–11.1. Schütze, 12.1.–21.1. Steinbock, 21.12.–31.12. Schütze, **1973** 1.1.–3.1. Schütze, 4.1.–21.1. Steinbock, 21.12.–27.12. Schütze, 28.12.–31.12. Steinbock, **1974** 1.1.–15.1. Steinbock, 16.1.–21.1. Wassermann, 21.12.–31.12. Steinbock, **1975** 1.1.–8.1. Steinbock, 9.1.–21.1. Wassermann, 21.12.–31.12. Steinbock, **1976** 1.1.–2.1. Steinbock, 3.1.–21.1. Wassermann, 21.12.–31.12. Steinbock, **1977** 1.1.–21.1. Steinbock, 21.12. Steinbock, 22.12.–31.12. Schütze, **1978** 1.1.–13.1. Schütze, 14.1.–21.1. Steinbock, 21.12.–31.12. Schütze, **1979** 1.1.–8.1. Schütze, 9.1.–21.1. Steinbock, 21.12.–31.12. Schütze, **1980** 1.1. Schütze, 2.1.–20.1. Steinbock, 21.1. Wassermann, 21.12.–24.12. Schütze, 25.12.–31.12. Steinbock, **1981** 1.1.–12.1. Steinbock, 13.1.–21.1. Wassermann, 21.12.–31.12. Steinbock, **1982** 1.1.–5.1. Steinbock, 6.1.–21.1. Wassermann, 21.12.–31.12. Steinbock, **1983** 1.1. Steinbock, 2.1.–12.1. Wassermann, 13.1.–21.1. Steinbock, 21.12.–31.12. Steinbock, **1984** 1.1.–21.1. Steinbock, 21.12.–31.12. Schütze, **1985** 1.1.–11.1. Schütze, 12.1.–21.1.

Steinbock, 21.12.–31.12. Schütze, **1986** 1.1.–5.1. Schütze, 6.1.–21.1. Steinbock, 21.12.–29.12. Schütze, 30.12.–31.12. Steinbock, **1987** 1.1.–16.1. Steinbock, 17.1.–21.1. Wassermann, 21.12.–22.12. Schütze, 23.12.–31.12. Steinbock, **1988** 1.1.–9.1. Steinbock, 10.1.–21.1. Wassermann, 21.12.–31.12. Steinbock, **1989** 1.1.–2.1. Steinbock, 3.1.–21.1. Wassermann, 21.12.–31.12. Steinbock, **1990** 1.1.–21.1. Steinbock, 21.12.–25.12. Steinbock, 26.12.–31.12. Schütze, **1991** 1.1.–14.1. Schütze, 15.1.–21.1. Steinbock, 21.12.–31.12. Schütze, **1992** 1.1.–9.1. Schütze, 10.1.–21.1. Steinbock, 21.12.–31.12. Schütze, **1993** 1.1. Schütze, 2.1.–20.1. Steinbock, 21.1. Wassermann, 21.12.–25.12. Schütze, 26.12.–31.12. Steinbock, **1994** 1.1.–13.1. Steinbock, 14.1.–21.1. Wassermann, 21.12.–31.12. Steinbock, **1995** 1.1.–5.1. Steinbock, 6.1.–21.1. Wassermann, 21.12.–31.12. Steinbock, **1996** 1.1.–16.1. Wassermann, 17.1.–21.1. Steinbock, 21.12.–31.12. Steinbock, **1997** 1.1.–21.1. Steinbock, 21.12.–31.12. Schütze, **1998** 1.1.–11.1. Schütze, 12.1.–21.1. Steinbock, 21.12.–31.12. Schütze, **1999** 1.1.–6.1. Schütze, 7.1.–21.1. Steinbock, 21.12.–30.12. Schütze, 31.12. Steinbock, **2000** 1.1.–17.1. Steinbock, 18.1.–21.1. Wassermann, 21.12.–22.12. Schütze, 23.12.–31.12. Steinbock, **2001** 1.1.–9.1. Steinbock, 10.1.–21.1. Wassermann, 21.12.–31.12. Steinbock, **2002** 1.1.–2.1. Steinbock, 3.1.–21.1. Wassermann, 21.12.–31.12. Steinbock, **2003** 1.1.–21.1. Steinbock, 21.12.–30.12. Steinbock, 31.12. Schütze

Merkur im Schützen – INSPIRIERTES DENKEN

Merkurstärken Optimistisches Denken, die Gabe der Inspiration
Merkurschwächen Flüchtigkeit, die Realität in einem zu rosigen Licht sehen, die eigenen Schwächen nicht sehen

Ihr Denken ist nicht logisch und auch nicht unbedingt von Erfahrungen geprägt. Merkur im Schützen verhilft Ihnen zu Ideen und Inspirationen, die Ihnen scheinbar in den Schoß fallen, so als fielen sie vom Himmel. Wenn Sie beginnen, Ihre Argumente zu begründen, geraten Sie in Schwierigkeiten. Und eigentlich braucht man bei Eingebungen auch nichts zu begründen. Es ist eine in sich stimmige Art, die Welt zu erfahren und zu verarbeiten. Sie können sich sogar so stark mit Ihrer geheimnisvollen Quelle der Inspiration verbinden, daß Sie die Herzen anderer Menschen berühren und öffnen. Merkur im Schützen macht Sie zu einer Art »Menschenflüsterer«.
Diese Gabe benötigt viel Umsicht. Sie bewegen sich ja im Raum des Geistes, der Ideen und des Glaubens. Dabei verliert man schnell den realen Boden unter den Füßen, wird naiv oder überheblich. Sie sollten wissen, daß Merkur im Schützen einen dazu verleitet, die eigenen Ideen als der Weisheit letzten Schluß zu betrachten – egal, wie platt sie auch sein mögen. Sie brauchen daher Selbstkritik und Bescheidenheit, müssen immer wieder innehalten und sich in Frage stellen. Lassen Sie sich aber auf keinen Fall Ihre Gabe der Inspiration ausreden, und zweifeln Sie vor allem nicht selbst daran! Ihre Kontakte sind ebenfalls stürmisch. Sie können andere Menschen mitreißen und von einer Sache überzeugen. Doch auch diese Gabe hat ihre Gefahren, nämlich daß Sie anderen etwas aufzwingen oder sie verführen.

Merkur-Check
Wie leicht fällt es mir, Kontakt zu schließen? Ich besitze die Fähigkeit, andere mitzureißen.
Was bringt mich »den Göttern« näher? Diskutieren, die Wahrheit erörtern und ihr näherkommen, inspiriert sein von einer neuen Idee.

Merkur im Steinbock – OBJEKTIVES DENKEN

Merkurstärken Gründliches, sachliches, konzentriertes, erfahrungsorientiertes Denken
Merkurschwächen Starrsinn

Ihr Denken ist sachlich, genau und praktisch. Sie beziehen sich in Ihren Überlegungen auf eigene Erfahrungen, sind aber auch offen für Erfahrungen zuverlässiger Herkunft. Das verleiht Ihnen Sicherheit und Glaubwürdigkeit. Obendrein führt Merkur im Steinbock zu einem grundsätzlichen Mißtrauen. Sie neigen dazu, sich – vielleicht, ohne es selbst zu bemerken – als »letzte Instanz«, als entscheidendes Prüfungsorgan zu verstehen. Gleich einer Art TÜV suchen Sie nach Fehlern und Mißständen, und wenn welche existieren, dann werden sie von Ihnen auch entdeckt. Neuem gegenüber sind Sie besonders skeptisch. Bei Inspektionen, Korrekturen, wissenschaftlichen Arbeiten und überall sonst, wo es gilt, Fehler zu vermeiden, sind Sie unübertrefflich. Sie verleihen Ideen den tragfähigen Grund, und Sie sind die beste Garantie, daß Pläne und Vorhaben zu Ende geführt werden. Aber Ihr Merkur im Steinbock hat auch seine Schattenseiten. Manchmal nehmen Sie durch Ihre kritische Art anderen die Lust. Sie können eine Aura des Mißtrauens und Pessimismus verbreiten. Im zwischenmenschlichen Bereich wirken Sie unterkühlt und abweisend. Sie müssen achtgeben, das Kind nicht mit dem Bad auszuschütten. Fragen Sie sich selbst, wie konstruktiv Ihre Einwände sind. Halten Sie sich zurück, wenn es um die Entwicklung neuer Ideen geht. Beobachten Sie zuerst, bevor Sie sich einschalten. Es wäre traurig, wenn Sie Ihre große Merkurbegabung durch Kleinlichkeit und Unüberlegtheit zunichte machten.

Merkur-Check
Wie leicht fällt es mir, Kontakt zu schließen? Es fällt mir schwer, auf andere zuzugehen. Nur im sachlichen Austausch bin ich sicher.
Was bringt mich »den Göttern« näher? Erfolgreich mit meiner Arbeit vorankommen, meine Annahmen bestätigt finden, Anerkennung erlangen.

Merkur im Wassermann – ORIGINELLES DENKEN

Merkurstärken Außergewöhnliche Denkbegabung, Einfallsreichtum, Erfindergeist
Merkurschwächen Unkonzentriert und unsachlich sein

Merkur im Wassermann befähigt Sie zu abstraktem, originellem Denken. Ihr wacher, lebhafter Verstand und Ihr vorurteilsfreies Denken lassen Sie schnell und logisch handeln. Sie können Zusammenhänge rasch erfassen und neue Beziehungen herstellen. Dabei halten Sie sich nicht nur an vorgegebene Muster. Vielmehr versuchen Sie, auf ungewöhnlichen Wegen zu neuen, innovativen Lösungen zu kommen. Zuweilen geraten Sie in einen Konflikt zwischen Logik und einer (zunächst völlig unsinnigen) Idee. Sie brauchen dann Zeit, bis Sie beides unter einen Hut bekommen. Ihr »Gehirn« ist wie geschaffen für Geniestreiche, Erfindungen und Erneuerungen. Immer dann, wenn es nach altem Muster nicht weitergeht, sind Sie und Ihr Merkur im Wassermann gefragt.
Schwierigkeiten haben Sie mit Menschen, die sich auf eingefahrene Routinen berufen. Jemand, der als »Argument« einwirft: »Das haben wir schon immer so gemacht!«, bringt Sie zur Weißglut. Auch wenn sich bei anderen Ratio und Gefühl miteinander vermengen, regt sich Ihr Protest. Aber genau diese Art zu denken und zu argumentieren müssen Sie mit Wohlwollen akzeptieren, wenn Sie nicht einseitig werden wollen. Denn die Gefahr besteht, mit Ihrer abstrakten Art unpersönlich zu werden und am Ende den Kontakt zu anderen Menschen zu verlieren. Dabei sind Sie im Grunde ein überaus sozialer Mensch. Sie lieben es, Gespräche über Gott und die Welt zu führen. Kommen Sie in Stimmung, entpuppen Sie sich gar als »Entertainer« ... Aber, wie gesagt, Sie müssen am »Puls« der Menschen bleiben, ihre Gefühle und Erfahrungen achten.

Merkur-Check
Wie leicht fällt es mir, Kontakt zu schließen? Ich kann gut mit anderen Menschen umgehen.
Was bringt mich »den Göttern« näher? Innovative Ideen verfolgen, ungewöhnliche Methoden anwenden, frei und unkonventionell denken.

Das Venushoroskop – IHRE LIEBESFÄHIGKEIT

Venuszeichen

Kurz nach Sonnenuntergang – der Westen badet sich noch in goldenem Rot, im Osten kündet ein stahlblauer Himmel die heraufziehende Nacht an – kann man sie sehen, die Venus. Sie ist so hell, daß man sie manchmal mit den Lichtern eines Flugzeugs verwechselt. Und in Gegenden, die nicht künstlich erleuchtet sind, überkommt den Betrachter bei ihrem Anblick fast das Gefühl einer außerirdischen Begegnung. Der Tag geht zur Ruhe, Venus läutet den Feierabend ein, jene Zeit, die weder der Arbeit noch dem Schlaf gehört, vielmehr der Muße – und der Liebe.

Aber Venus verzaubert nicht nur den Abend, sondern auch den Morgen. Denn die Hälfte des Jahres läuft sie, wie wir es von der Erde aus sehen, der Sonne nach, sie steht dann als Venus des Abends nach Sonnenuntergang noch einige Zeit am Abendhimmel. Die andere Hälfte jedoch läuft sie der Sonne voraus und steigt als Venus des Morgens vor der Sonne über den östlichen Horizont als strahlende Botin des neuen Tages.

Venus oder die griechische Entsprechung Aphrodite trug den Namen »Schaumgeborene«: Dem Mythos nach hat Kronos (Saturnus), der Vater des Zeus, das Zeugungsglied seines Vaters Uranos ins Meer geworfen. Aus dem Schaum, der sich dabei bildete, ist die Göttin der Schönheit entstanden (griechisch *aphrós* = »Schaum«).

Sie galt als die fruchtbare Göttin des blühenden Frühlings und der überströmenden Frühlingslust. Sie war die Beschützerin der Gärten, Blumen und Lusthaine. Ihre Lieblingsgewächse waren Myrten, Rosen und Lilien, ihre Frucht der Apfel, ihre bevorzugten Tiere waren Widder, Böcke, Hasen, Tauben und die bunten Schmetterlinge. Vor allem aber war Venus/Aphrodite eine Frau, deren unvergleichliche Schönheit die Männer betörte. Man fand schier kein Ende, all ihre Reize aufzuzählen: göttlicher Wuchs, strahlende Augen, verlockender Blick, rosenknospiger Mund, zierliche Ohren, reizender Busen und, und, und ...

Im Vergleich dazu sah ihr häßlicher, hinkender Ehemann Hephaistos, der Gott des Erdfeuers und Schutzgott der Schmiedekunst, ziemlich alt aus, wie man heute sagen würde. Sie nutzte denn auch jede Gelegenheit zu einem Seitensprung. Der bekannteste (und folgenreichste) war wohl jener mit Mars, dem Amor, der spitzbübische Junge mit den heimtückischen Liebespfeilen, sein Leben verdankte.

Die schöne Venus bekam ein würdiges Denkmal am Himmel; der hellste Stern wurde nach ihr benannt. Je nach Position kündet er als Abendstern den Feierabend, vor Sonnenaufgang die nahende Morgenröte an.

»Venus« ist in der Symbolsprache ein anderes Wort für »Liebe, Lust, Zärtlichkeit, Leidenschaft, Zweisamkeit, Anziehung, Nähe, Knistern, Flirten, Sehnsucht, Verschmelzung, Sinnlichkeit« und dergleichen mehr. Aber jede Venusposition in den Tierkreiszeichen gibt all diesen Facetten der Liebe eine andere Färbung, ein bestimmtes Gewicht, einen individuellen Glanz. Da müssen Sie Ihre persönliche Venus einfach näher kennenlernen!

DIE ERMITTLUNG DES VENUSZEICHENS

In der Venustabelle finden Sie ganz einfach Ihre Venusposition, indem Sie Ihren Geburtstag suchen. Dahinter ist das Tierkreiszeichen vermerkt, in dem Ihre Venus steht. Dann brauchen Sie nur noch den entsprechenden Abschnitt im anschließenden Text nachzulesen. (Siehe auch die Vorbemerkung am Beginn von Teil II dieses Buches.)

Die Venustabelle

1920* 1.1.–3.1. Skorpion, 4.1.–21.1. Schütze, 21.12.–31.12. Wassermann, **1921** 1.1.–6.1. Wassermann, 7.1.–21.1. Fische, 21.12.–31.12. Schütze, **1922** 1.1.–21.1. Steinbock, 21.12.–31.12. Skorpion, **1923** 1.1. Skorpion, 2.1.–21.1. Schütze, 21.12.–25.12. Steinbock, 26.12.–31.12. Wassermann, **1924** 1.1.–19.1. Wassermann, 20.1.–21.1. Fische, 21.12.–31.12. Schütze, **1925** 1.1.–14.1. Schütze, 15.1.–21.1. Steinbock, 21.12.–31.12. Wassermann, **1926** 1.1.–21.1. Wassermann, 21.12.–31.12. Steinbock, **1927** 1.1.–8.1. Steinbock, 9.1.–21.1. Wassermann, 21.12.–31.12. Skorpion, **1928** 1.1.–3.1. Skorpion, 4.1.–21.1. Schütze, 21.12.–31.12. Wassermann, **1929** 1.1.–5.1. Wassermann, 6.1.–21.1. Fische, 21.12.–30.12. Schütze, 31.12. Steinbock, **1930** 1.1.–21.1. Steinbock, 21.12.–31.12. Skorpion, **1931** 1.1.–3.1. Skorpion, 4.1.–21.1. Schütze, 21.12.–25.12. Steinbock, 26.12.–31.12. Wassermann, **1932** 1.1.–18.1. Wassermann, 19.1.–21.1. Fische, 21.12.–31.12. Schütze, **1933** 1.1.–13.1. Schütze, 14.1.–21.1. Steinbock, 21.12.–31.12. Wassermann, **1934** 1.1.–21.1. Wassermann, 21.12.–31.12. Steinbock, **1935** 1.1.–8.1. Steinbock, 9.1.–21.1. Wassermann, 21.12.–31.12. Skorpion, **1936** 1.1.–3.1. Skorpion, 4.1.–21.1. Schütze, 21.12.–31.12. Wassermann, **1937** 1.1.–5.1. Wassermann, 6.1.–21.1. Fische, 21.12.–30.12. Schütze, 31.12. Steinbock, **1938** 1.1.–21.1. Steinbock, 21.12.–31.12. Skorpion, **1939** 1.1.–4.1. Skorpion, 5.1.–21.1. Schütze, 21.12.–24.12. Steinbock, 25.12.–31.12. Wassermann, **1940** 1.1.–18.1. Wassermann, 19.1.–21.1. Fische, 21.12.–31.12. Schütze, **1941** 1.1.–13.1. Schütze, 14.1.–21.1. Steinbock, 21.12.–31.12. Wassermann, **1942** 1.1.–21.1. Wassermann, 21.12.–31.12. Steinbock, **1943** 1.1.–7.1. Steinbock, 8.1.–21.1. Wassermann, 21.12.–31.12. Skorpion, **1944** 1.1.–2.1. Skorpion, 3.1.–21.1. Schütze, 21.12.–31.12. Wassermann, **1945** 1.1.–5.1. Wassermann, 6.1.–21.1. Fische, 21.12.–29.12. Schütze, 30.12.–31.12. Steinbock, **1946** 1.1.–21.1. Steinbock, 21.12.–31.12. Skorpion, **1947** 1.1.–3.1. Skorpion, 4.1.–21.1. Schütze, 21.12.–24.12. Steinbock, 25.12.–31.12. Wassermann, **1948** 1.1.–17.1. Wassermann, 18.1.–21.1. Fische, 21.12.–31.12. Schütze, **1949** 1.1.–12.1. Schütze, 13.1.–21.1. Steinbock, 21.12.–31.12. Wassermann, **1950** 1.1.–21.1. Wassermann, 21.12.–31.12. Steinbock, **1951** 1.1.–7.1. Steinbock, 8.1.–21.1. Wassermann, 21.12.–31.12. Skorpion, **1952** 1.1.–2.1. Skorpion, 3.1.–21.1. Schütze, 21.12.–31.12. Wassermann, **1953** 1.1.–4.1. Wassermann, 5.1.–21.1. Fische, 21.12.–28.12. Schütze, 29.12.–31.12. Steinbock, **1954** 1.1.–21.1. Steinbock, 21.12.–31.12. Skorpion, **1955** 1.1.–5.1. Skorpion, 6.1.–21.1. Schütze, 21.12.–

* Siehe auch die Anmerkung zur Mondtabelle.

31.12. Wassermann, **1956** 1.1.–17.1. Wassermann, 18.1.–21.1. Fische, 21.12.–31.12. Schütze, **1957** 1.1.–12.1. Schütze, 13.1.–21.1. Steinbock, 21.12.–31.12. Wassermann, **1958** 1.1.–21.1. Wassermann, 21.12.–31.12. Steinbock, **1959** 1.1.–6.1. Steinbock, 7.1.–21.1. Wassermann, 21.12.–31.12. Skorpion, **1960** 1.1. Skorpion, 2.1.–21.1. Schütze, 21.12.–31.12. Wassermann, **1961** 1.1.–4.1. Wassermann, 5.1.–21.1. Fische, 21.12.–28.12. Schütze, 29.12.–31.12. Steinbock, **1962** 1.1.–21.1. Steinbock, 21.12.–31.12. Skorpion, **1963** 1.1.–6.1. Skorpion, 7.1.–21.1. Schütze, 21.12.–23.12. Steinbock, 24.12.–31.12. Wassermann, **1964** 1.1.–16.1. Wassermann, 17.1.–21.1. Fische, 21.12.– 31.12. Schütze, **1965** 1.1.–11.1. Schütze, 12.1.–21.1. Steinbock, 21.12.–31.12. Wassermann, **1966** 1.1.–21.1. Wassermann, 21.12.–31.12. Steinbock, **1967** 1.1.– 6.1. Steinbock, 7.1.–21.1. Wassermann, 21.12.–31.12. Skorpion, **1968** 1.1. Skorpion, 2.1.–21.1. Schütze, 21.12.–31.12. Wassermann, **1969** 1.1.–4.1. Wassermann, 5.1.–21.1. Fische, 21.12.–27.12. Schütze, 28.12.–31.12. Steinbock, **1970** 1.1.– 21.1. Steinbock, 21.12.– 31.12. Skorpion, **1971** 1.1.–6.1. Skorpion, 7.1.–21.1. Schütze, 21.12.–22.12. Steinbock, 23.12.–31.12. Wassermann, **1972** 1.1.–16.1. Wassermann, 17.1.–21.1. Fische, 21.12.–31.12. Schütze, **1973** 1.1.–11.1. Schütze, 12.1.–21.1. Steinbock, 21.12.–31.12. Wassermann, **1974** 1.1.–21.1. Wassermann, 21.12.–31.12. Steinbock, **1975** 1.1.–5.1. Steinbock, 6.1.–21.1. Wassermann, 21.12.–31.12. Skorpion, **1976** 1.1.–21.1. Schütze, 21.12.–31.12. Wassermann, **1977** 1.1.–3.1. Wassermann, 4.1.–21.1. Fische, 21.12.–27.12. Schütze, 28.12.–31.12. Steinbock, **1978** 1.1.–20.1. Steinbock, 21.1. Wassermann, 21.12.–31.12. Skorpion, **1979** 1.1.–6.1. Skorpion, 7.1.–21.1. Schütze, 21.12.–22.12. Steinbock, 23.12.–31.12. Wassermann, **1980** 1.1.–15.1. Wassermann, 16.1.–21.1. Fische, 21.12.–31.12. Schütze, **1981** 1.1.–10.1. Schütze, 11.1.–21.1. Steinbock, 21.12.–31.12. Wassermann, **1982** 1.1.–21.1. Wassermann, 21.12.–31.12. Steinbock, **1983** 1.1.–5.1. Steinbock, 6.1.–21.1. Wassermann, 21.12.–31.12. Skorpion, **1984** 1.1.–21.1. Schütze, 21.12.–31.12. Wassermann, **1985** 1.1.–3.1. Wassermann, 4.1.–21.1. Fische, 21.12.–26.12. Schütze, 27.12.–31.12. Steinbock, **1986** 1.1.–19.1. Steinbock, 20.1.–21.1. Wassermann, 21.12.–31.12. Skorpion, **1987** 1.1.–6.1. Skorpion, 7.1.–21.1. Schütze, 21.12. Steinbock, 22.12.–31.12. Wassermann, **1988** 1.1.–15.1. Wassermann, 16.1.–21.1. Fische, 21.12.–31.12. Schütze, **1989** 1.1.–10.1. Schütze, 11.1.–21.1. Steinbock, 21.12.–31.12. Wassermann, **1990** 1.1.–16.1. Wassermann, 17.1.–21.1. Steinbock, 21.12.–31.12. Steinbock, **1991** 1.1.–4.1. Steinbock, 5.1.–21.1. Wassermann, 21.12.–31.12. Skorpion, **1992** 1.1.–21.1. Schütze, 21.12.–31.12. Wassermann, **1993** 1.1.–3.1. Wassermann, 4.1.–21.1. Fische, 21.12.–26.12. Schütze, 27.12.–31.12. Steinbock, **1994** 1.1.–19.1. Steinbock, 20.1.–21.1. Wassermann, 21.12.–31.12. Skorpion, **1995** 1.1.–6.1. Skorpion, 7.1.–21.1. Schütze, 21.12. Steinbock, 22.12.–31.12. Wassermann, **1996** 1.1.–14.1. Wassermann, 15.1.–21.1. Fische, 21.12.–31.12. Schütze, **1997** 1.1.–9.1. Schütze, 10.1.–21.1. Steinbock, 21.12.–31.12. Wassermann, **1998** 1.1.–9.1. Wassermann, 10.1.–21.1. Steinbock, 21.12.– 31.12. Steinbock, **1999** 1.1.–4.1. Steinbock, 5.1.–21.1. Wassermann, 21.12.–30.12. Skorpion, 31.12. Schütze, **2000** 1.1.–21.1. Schütze, 21.12.–31.12. Wassermann, **2001** 1.1.–3.1. Wassermann, 4.1.–21.1. Fische, 21.12.–25.12. Schütze, 26.12.–31.12. Steinbock, **2002** 1.1.–18.1. Steinbock, 19.1.–21.1. Wassermann, 21.12.–31.12. Skorpion, **2003** 1.1.–6.1. Skorpion, 7.1.–21.1. Schütze, 21.12.–31.12. Wassermann

Venus im Skorpion – TOTALE LIEBE

Venusstärken Leidenschaftlich, hingebungsvoll
Venusschwächen Eifersüchtig

Würde man Ihnen sagen, daß Sie Ihr ganzes Leben mit einem/einer »stinknormalen« Liebhaber(in) verbringen müßten, glauben Sie wahrscheinlich, Sie könnten sich auch gleich erschießen oder ins Kloster gehen ... Keine Dramen? Keine Eifersucht? Keine blutigen Schrammen? Liebe ist doch kein Spaziergang, bei dem sich zwei Menschen an den Händchen halten und freundlich anlächeln! Eine Herausforderung ist das, ein Tanz auf dem Vulkan – alles oder nichts! Ihre Venus hat sich doch nicht »zufällig« die spannendste Ecke im astrologischen Tierkreis ausgesucht. »Skorpion«, das ist ein anderes Wort für »Finsternis«, für »Unterwelt«, für »Hölle«.
Aber das Prinzip Skorpion bedeutet auch Transformation. Wer hinuntertaucht in die tiefste Lust und Leidenschaft, wer den Mythos völliger Hingabe nachvollzieht, der geht nicht unter, sondern steigt strahlend, leicht und selbstbewußt wieder auf: am anderen Ende des Tunnels ist Licht – und das wissen Sie auch!

Venus-Check

Kann meine Venus gut allein sein? Es geht, aber sie leidet.
Sucht meine Venus Sicherheit? Nein, sondern Leidenschaft, Gefühl, Tiefe.
Besteht meine Venus auf Treue? Natürlich, bis in den Tod ...
Ist meine Venus eifersüchtig? Ja, abgrundtief!
Findet meine Venus leicht Partner? Nein, weil sie wenige akzeptiert.

Venus im Schützen – FLAMMENDE LIEBE

Venusstärken Unabhängig, feurig, wahrhaftig
Venusschwächen Treulos

Das astrologische Zeichen Schütze repräsentiert keine ruhmreichen Krieger, auch keine kosmischen Sportsmänner oder -frauen, sondern Fabelwesen mit Pferdeleib und menschlichem Oberkörper. Im griechischen Mythos trugen sie den Namen »Kentauren«. Mensch und Tier in dieser Kombination sind natürlich Metaphern für (menschlichen) Geist, Verstand, Einsicht und Weisheit einerseits und (tierische) Lust, Sex, Gier und Triebhaftigkeit andererseits.
Genau zwischen diesen beiden Polen spielt sich Ihr Liebesleben ab: »Die Schöne und das Biest ...« Erkennen Sie sich darin wieder? Sie sind die/der schöne, sanfte Geliebte, die/der ein fremdes Wesen nach Hause schleppt, es pflegt und zähmt und wärmt und ihm die Wunden leckt ... Und das Spiel funktioniert genausogut auch andersherum: Dann sind Sie das wilde Tier, die pure Gier, und Ihr Partner »ist im Kopf«, vielleicht ein bißchen weise, in jedem Fall aber meilenweit entfernt von seiner eigenen Lust – die Sie ihm jedoch wieder schenken wollen.
Werden beide Seiten wie Himmel und Hölle unversöhnt auf ewig miteinander ringen? Wer weiß! Sicher ist, daß Venus-im-Schütze-Menschen oft solo leben, sehr selbstbewußt sind und von lustvollsten Erfahrungen mit den unterschiedlichsten Partnern erzählen können. Beweist das nicht, daß das Spiel zwischen Himmel und Hölle viel spannender sein kann als der brave Mittelweg ...?

Venus-Check
Kann meine Venus gut allein sein? Kein Problem; sie findet immer Begleitung.
Sucht meine Venus Sicherheit? Keinesfalls, sondern Abenteuer.
Besteht meine Venus auf Treue? Nein, aber unbedingt auf Fairneß.
Ist meine Venus eifersüchtig? Da muß man durch.
Findet meine Venus leicht Partner? Ja, und zwar rund um den Globus.

Venus im Steinbock – BEHERRSCHTE LIEBE

Venusstärken Entwicklungsfähig, tief, erdig
Venusschwächen Gefühlskalt

Partner, die beim Liebesakt wie Hirsche röhren, ohne ihren Geliebten nicht einschlafen können und nur aus Angst vor dem Alleinsein in einer Beziehung bleiben – dies alles ist nicht Ihr Bier! Sie nehmen die Liebe selbst in die Hand, Sie bestimmen, wie es läuft, und haben Ihre Gefühle im Griff. Sie können auch allein – wissen aber sehr wohl, wie man sich eine(n) Liebhaber(in) besorgt.
Richtig, das klingt nicht gerade romantisch und läßt bei anderen schnell den roten Knopf suchen, der den Fluchtmotor anwirft. Aber was soll's, so sind Sie halt! Es macht überhaupt keinen Sinn, sich hinter einem charmanten, zuvorkommenden Outfit zu verstecken. Früher oder später setzen Sie Ihrem Lover doch den Zeigefinger auf die Brust und sagen: »Zur Sache, Schätzchen!«
Ein bißchen cool sind Sie auch. Steinbock ist ein Winterzeichen. Ihrer Venus wird es dort schnell kalt, was bei ihr zu der folgenschweren Entscheidung führt, sich ganz warm anzuziehen ... Damit kommt man aber schwer an Sie heran. Das müssen Sie verstehen! Irgendwann in Ihrem Leben war es eiskalt. Vielleicht wurde Ihre Liebe sogar schon als Kind mißbraucht. Sich zu schützen war lebenswichtig ...! Aber nichts bleibt immer so, wie es ist. Selbst nach dem kältesten Winter folgt der Frühling.

Venus-Check

Kann meine Venus gut allein sein? Ja, das ist sogar eine Stärke von ihr.
Sucht meine Venus Sicherheit? Nein, sie ist selber sicher.
Besteht meine Venus auf Treue? Ja, und zwar absolut. Untreue löst den Rachereflex aus.
Ist meine Venus eifersüchtig? Nein, nicht besonders.
Findet meine Venus leicht Partner? Nein, weil sie sehr anspruchsvoll ist.

Venus ist ein anderes Wort für Liebe, Lust, Sex und Zärtlichkeit

Venus im Wassermann – UTOPISCHE LIEBE

Venusstärken Frei, originell, fair
Venusschwächen Unpersönlich

Sie sind wie jener Vogel, der freiwillig im Käfig bleibt und wunderhübsch zwitschert, solange die Tür sperrangelweit offensteht. Macht es »Schnapp!«, die Tür ist zu, beginnt der Vogel zu kreischen und tobt wie ein Wahnsinniger. Nichts zu machen! Ihre Liebe ist klaustrophobisch. Manchmal flippen Sie schon aus, wenn jemand die Fenster schließt oder beim Schlafen den Arm um Sie legt.

Das hat überhaupt nichts mit mangelnder Liebe zu tun! Das sei hier gleich einmal grundsätzlich festgestellt: Ihre Liebesfähigkeit ist über jeden Zweifel erhaben. Aber Sie brauchen Luft, Ihren Spielraum, Ihre Freiheit. Man könnte meinen, Sie entstammten einem Planeten, auf dem man körperlose Liebe macht. Jedenfalls erstreben Sie eine Partnerschaft, die leicht und frei von bauchlastigen Emotionen ist. Eifersucht, Besitzanspruch, Zweisamkeit – derartige Worte mit den entsprechenden Ritualen entstammen Ihrer Meinung nach dem Kleinhirn und waren allenfalls in der Dinosaurierzeit überlebenswichtig.

In Wirklichkeit klaffen Theorie und Praxis dann doch auseinander. Mit anderen Worten: Sie sind eben auch eifersüchtig. Das ist aber kein Problem; Sie dürfen ruhig widersprüchlich sein, daran wachsen Sie. Was Sie nicht machen sollten, ist, Ihre Eifersucht zu verdrängen, weil Sie sich sagen, daß nicht ist, was nicht sein darf. So etwas macht krank!

Venus-Check

Kann meine Venus gut allein sein? Könnte sie schon, aber es passiert ziemlich selten.
Sucht meine Venus Sicherheit? Nein, die gibt es sowieso nicht.
Besteht meine Venus auf Treue? Sie besteht auf Fairneß, das ist wichtiger als Treue.
Ist meine Venus eifersüchtig? »Nein«, sagt sie, aber »Ja« fühlt sie.
Findet meine Venus leicht Partner? Damit hat sie keinerlei Probleme.

Venus in den Fischen – MYSTISCHE LIEBE

Venusstärken Hingebungsvoll, tief, selbstlos
Venusschwächen Unklar

Für Ihre Venus in den Fischen existieren keine Grenzen und keine Distanz. Probieren Sie's aus! Schicken Sie Ihren Partner zweitausend Kilometer weg. Vereinbaren Sie einen Zeitpunkt, um sich zu lieben: Es ist, als wären Sie bei ihm. Genaugenommen wächst Ihre Liebe sogar proportional zur Entfernung – und mit der Schwierigkeit, ihn zu kriegen: Ihre Favoriten sind vergebene oder weit entfernte Männer und Frauen.
Ihr Geheimnis? Ihre Venus in den Fischen ist eine Träumerin! Sie zieht schmachtende Sehnsucht plattem Zweier-Einerlei vor. Sie fürchtet den Alltag, weil er sie aus ihren Träumen weckt. Ist das ein Problem? Vielleicht machen Sie eins draus! Weil Sie die Liebe mystifizieren, gestatten Sie ihr keine Grenzen. Nein, Sie sagen nicht, daß Sie genug haben und jetzt allein sein möchten, daß Sie auftanken müssen in Ihrer inneren Welt. Sie sagen gar nichts, aber Sie flüchten in Ihren unsichtbaren Elfenbeinturm und spielen »Mich versteht sowieso keiner«, in der Hoffnung, daß man Sie in Ruhe läßt.
Lernen Sie, sich klar abzugrenzen! Keine andere Venusgestalt liebt so selbstlos, so phantasievoll, zärtlich und innig. Sie haben ein Recht auf schöpferische Pausen!

Venus-Check
Kann meine Venus gut allein sein? O ja, im Grunde ist man immer allein.
Sucht meine Venus Sicherheit? Nein, die gibt es sowieso nicht.
Besteht meine Venus auf Treue? Nein, man kann auf gar nichts bestehen!
Ist meine Venus eifersüchtig? Nein, es schmerzt höchstens.
Findet meine Venus leicht Partner? Ja, aber es ist der falsche.

Das Marshoroskop –
POTENT, AKTIV, ERFOLGREICH UND MÄNNLICH SEIN

Rötlich funkelnd wie Feuer oder Blut, so präsentiert sich nur ein Gestirn am nächtlichen Himmel: der Planet Mars. Abhängig von seiner Nähe zur Erde verändert sich obendrein die Intensität. Menschen früherer Zeiten erschauerten daher, wenn sein Rot zunahm. Sie sprachen von einem zornigen Auge am Himmel und betrachteten es als böses Omen.

In klassischer Zeit galt Mars als Kriegsgott und Beschützer im Kampf: »Beschütze uns, Mars, und schlage dafür den Feind mit Feigheit und Schwäche«, soll der römische Kaiser Titus Flavius vor seinen Schlachten gerufen haben.

Hinter Mars stecken allerdings nicht nur bedrohliche Eigenschaften: So schickt er zum Beispiel zündende Ideen, verleiht Startkraft und schenkt Courage. Mars sorgt für den richtigen Biß, um sich behaupten und Rivalen überwinden zu können. Er verleiht die für Konkurrenzgerangel unerläßlichen »spitzen Ellenbogen« und programmiert auf Sieg. Er verkörpert das Urmännliche, den heldenhaften, schönen Jüngling genauso wie einen sexbesessenen Macho. Mars steht auch einfach für Sex, Potenz und Triebkraft. In ganz besonderer Weise verrät die Marsposition die Art und Weise des Eroberungsspiels: Ob man direkt auf jemanden zugeht, abwartet oder gar zum Rückzug bläst – es ist Mars, der die Fäden zieht.

Er ist ein absolut männlicher Planet, vielleicht der männlichste überhaupt. Frauen besitzen zwar genau wie Männer ihren Mars, aber eher als Potential, als Anlagebild, und neigen dazu, ihn nicht selbst auszuleben, sondern ihn zu projizieren. Sie suchen sich Männer, die ihrem Mars entsprechen. Über diesen Umweg hat er dann doch Anteil an ihrem Leben. Frauen, die Berufe ergreifen, welche früher eher als typisch männlich galten – im Management beispielsweise –, leben ihren Mars weitgehend selbst. Mars ist der regierende Planet des Widders und besitzt daher viele Wesenszüge dieses Tierkreiszeichens.

DIE ERMITTLUNG DES MARSZEICHENS

Suchen Sie in der folgenden Marstabelle Ihren Geburtstag, und entnehmen Sie Ihre Marsposition, die Sie auf den entsprechenden Text im anschließenden Kapitel über die Marszeichen verweist. (Siehe auch die Vorbemerkung am Beginn von Teil II dieses Buches.)

Die Marstabelle

1920* 1.1.–21.1. Waage, 21.12.–31.12. Wassermann, **1921** 1.1.–4.1. Wassermann, 5.1.–21.1. Fische, 21.12.–26.12. Waage, 27.12.–31.12. Skorpion, **1922** 1.1.–21.1. Skorpion, 21.12.–31.12. Fische, **1923** 1.1.–20.1. Fische, 21.1. Widder, 21.12.–31.12. Skorpion, **1924** 1.1.–19.1. Skorpion, 20.1.–21.1. Schütze, 21.12.–31.12. Widder, **1925** 1.1.–21.1. Widder, 21.12.–27.12. Skorpion, 28.12.–31.12. Schütze, **1926** 1.1.–21.1. Schütze, 21.12.–31.12. Stier, **1927** 1.1.–21.1. Stier, 21.12.–31.12. Schütze, **1928** 1.1.–18.1. Schütze, 19.1.–21.1. Steinbock, 21.12.–31.12. Zwillinge, **1929** 1.1.–21.1. Zwillinge, 21.12.–28.12. Schütze, 29.12.–31.12. Steinbock, **1930** 1.1.–21.1. Steinbock, 21.12.–31.12. Löwe, **1931** 1.1.–21.1. Löwe, 21.12.–31.12. Steinbock, **1932** 1.1.–17.1. Steinbock, 18.1.–21.1. Wassermann, 21.12.–31.12. Jungfrau, **1933** 1.1.–21.1. Jungfrau, 21.12.–27.12. Steinbock, 28.12.–31.12. Wassermann, **1934** 1.1.–21.1. Wassermann, 21.12.–31.12. Waage, **1935** 1.1.–21.1. Waage, 21.12.–31.12. Wassermann, **1936** 1.1.–14.1. Wassermann, 15.1.–21.1. Fische, 21.12.–31.12. Waage, **1937** 1.1.–5.1. Waage, 6.1.–21.1. Skorpion, 21.12. Wassermann, 22.12.–31.12. Fische, **1938** Fische, **1940** 1.1.–3.1. Fische, 4.1.–21.1. Widder, 21.12.–31.12. Skorpion, **1941** 1.1.–4.1. Skorpion, 5.1.–21.1. Schütze, 21.12.–31.12. Widder, **1942** 1.1.–11.1. Widder, 12.1.–21.1. Stier, 21.12.–31.12. Schütze, **1943** 1.1.–21.1. Schütze, 21.12.–31.12. Zwillinge, **1944** 1.1.–21.1. Zwillinge, 21.12.–31.12. Schütze, **1945** 1.1.–5.1. Schütze, 6.1.–21.1. Steinbock, 21.12.–26.12. Löwe, 27.12.–31.12. Krebs, **1946** 1.1.–21.1. Krebs, 21.12.–31.12. Stein-

* Siehe auch die Anmerkung zur Mondtabelle.

bock, **1947** 1.1.–21.1. Steinbock, 21.12.–31.12. Jungfrau, **1948** 1.1.–21.1. Jungfrau, 21.12.–31.12. Steinbock, **1949** 1.1.–4.1. Steinbock, 5.1.–21.1. Wassermann, 21.12.–25.12. Jungfrau, 26.12.–31.12. Waage, **1950** 1.1.–21.1. Waage, 21.12.–31.12. Wassermann, **1951** 1.1.–21.1. Wassermann, 21.12.–31.12. Waage, **1952** 1.1.–19.1. Waage, 20.1.–21.1. Skorpion, 21.12.–30.12. Wassermann, 31.12. Fische, **1953** 1.1.–21.1. Fische, 21.12.–31.12. Skorpion, **1954** 1.1.–21.1. Skorpion, 21.12.–31.12. Fische, **1955** 1.1.–14.1. Fische, 15.1.–21.1. Widder, 21.12.–31.12. Skorpion, **1956** 1.1.–13.1. Skorpion, 14.1.–21.1. Schütze, 21.12.–31.12. Widder, **1957** 1.1.–21.1. Widder, 21.12.–22.12. Skorpion, 23.12.–31.12. Schütze, **1958** 1.1.–21.1. Schütze, 21.12.–31.12. Stier, **1959** 1.1.–21.1. Stier, 21.12.–31.12. Schütze, **1960** 1.1.–13.1. Schütze, 14.1.–21.1. Steinbock, 21.12.–31.12. Krebs, **1961** 1.1.–21.1. Krebs, 21.12.–24.12. Schütze, 25.12.–31.12. Steinbock, **1962** 1.1.–21.1. Steinbock, 21.12.–31.12. Löwe, **1963** 1.1.–21.1. Löwe, 21.12.–31.12. Steinbock, **1964** 1.1.–12.1. Steinbock, 13.1.–21.1. Wassermann, 21.12.–31.12. Jungfrau, **1965** 1.1.–21.1. Jungfrau, 21.12.–22.12. Steinbock, 23.12.–31.12. Wassermann, **1966** 1.1.–21.1. Wassermann, 21.12.–31.12. Waage, **1967** 1.1.–21.1. Waage, 21.12.–31.12. Wassermann, **1968** 1.1.–8.1. Wassermann, 9.1.–21.1. Fische, 21.12.–29.12. Waage, 30.12.–31.12. Skorpion, **1969** 1.1.–21.1. Skorpion, 21.12.–31.12. Fische, **1970** 1.1.–21.1. Fische, 21.12.–31.12. Skorpion, **1971** 1.1.–21.1. Skorpion, 21.12.–26.12. Fische, 27.12.–31.12. Widder, **1972** 1.1.–21.1. Widder, 21.12.–30.12. Skorpion, 31.12. Schütze, **1973** 1.1.–21.1. Schütze, 21.12.–23.12. Widder, 24.12.–31.12. Stier, **1974** 1.1.–21.1. Stier, 21.12.–31.12. Schütze, **1975** 1.1.–21.1. Schütze, 21.12.–31.12. Zwillinge, **1976** 1.1.–21.1. Zwillinge, 21.12.–31.12. Schütze, **1977** 1.1.–21.1. Steinbock, 21.12.–31.12. Löwe, **1978** 1.1.–21.1. Löwe, 21.12.–31.12. Steinbock, **1979** 1.1.–20.1. Steinbock, 21.1. Wassermann, 21.12.–31.12. Jungfrau, **1980** 1.1.–21.1. Jungfrau, 21.12.–30.12. Steinbock, 31.12. Wassermann, **1981** 1.1.–21.1. Wassermann, 21.12.–31.12. Waage, **1982** 1.1.–21.1. Waage, 21.12.–31.12. Wassermann, **1983** 1.1.–17.1. Wassermann, 18.1.–21.1. Fische, 21.12.–31.12. Waage, **1984** 1.1.–10.1. Waage, 11.1.–21.1. Skorpion, 21.12.–31.12. Wassermann, **1985**

1.1.–21.1. Fische, 21.12.–31.12. Skorpion, **1986** 1.1.–21.1. Skorpion, 21.12.–31.12. Fische, **1987** 1.1.–7.1. Fische, 8.1.–21.1. Widder, 21.12.–31.12. Skorpion, **1988** 1.1.–8.1. Skorpion, 9.1.–21.1. Schütze, 21.12.–31.12. Widder, **1989** 1.1.–18.1. Widder, 19.1.–21.1. Stier, 21.12.–31.12. Schütze, **1990** 1.1.–21.1. Schütze, 21.12.–31.12. Stier, **1991** 1.1.–21.1. Stier, 21.12.–31.12. Schütze, **1992** 1.1.–8.1. Schütze, 9.1.–21.1. Steinbock, 21.12.–31.12. Krebs, **1993** 1.1.–21.1. Krebs, 21.12.–31.12. Steinbock, **1994** 1.1.–21.1. Steinbock, 21.12.–31.12. Jungfrau, **1995** 1.1.–21.1. Jungfrau, 21.12.–31.12. Steinbock, **1996** 1.1.–7.1. Steinbock, 8.1.–21.1. Wassermann, 21.12.–31.12. Jungfrau, **1997** 1.1.–3.1. Jungfrau, 4.1.–21.1. Waage, 21.12.–31.12. Wassermann, **1998** 1.1.–21.1. Wassermann, 21.12.–31.12. Waage, **1999** 1.1.–21.1. Waage, 21.12.–31.12. Wassermann, **2000** 1.1.–3.1. Wassermann, 4.1.–21.1. Fische, 21.12.–22.12. Waage, 23.12.–31.12. Skorpion, **2001** 1.1.–21.1. Skorpion, 21.12.–31.12. Fische, **2002** 1.1.–18.1. Fische, 19.1.–21.1. Widder, 21.12.–31.12. Skorpion, **2003** 1.1.–15.1. Skorpion, 16.1.–21.1. Schütze, 21.12.–31.12. Widder

DIE MARSZEICHEN DER STEINBÖCKE

Mars im Widder – DIREKTES EROBERUNGSSPIEL

Marsstärken Energisch, kühn, mutig, stolz
Marsschwächen Streitsüchtig, egoistisch

Sie haben einen tollen Mars! Als Herrscher des Widderzeichens, dessen Element zudem das Feuer ist, kann er sich hier so richtig entfalten. Diese Konstellation verleiht Feuer im Doppelpack, macht kämpferisch, mutig und furchtlos. Sie sind ein Draufgänger, ein Held und Abenteurer, jemand, der nicht lange fackelt, sondern nach seiner Fasson lebt und dafür sorgt, daß sein Wille geschehe.
Allerdings kann es sein, daß sich Ihr Mars (noch) »versteckt«, daß Sie sich und andere vor ihm schützen, ihn vielleicht unterdrücken oder verleugnen. Sie halten sich vielmehr für eine friedliche oder gehemm-

te Person. Das würde dann bedeuten, daß Sie Ihren Mars erst noch entdecken müssen. Vielleicht kennen Sie diese Kraft bisher nur als inneres Rumoren, als gelegentliches Beben, als völlig unerwarteten Wutausbruch. Möglicherweise steigt Ihnen Ihr Mars auch in den Kopf und macht sich dort schmerzhaft bemerkbar. Sie können jedenfalls sicher sein, daß dieser Mars zum Ausbruch drängt wie Feuer in einem Vulkan. Besser, Sie geben ihm rechtzeitig Raum und verschaffen sich so Luft! Was Ihnen hilft, ist eine Tätigkeit, die Ihnen möglichst viel Freiheit läßt. Erleichterung finden Sie auch über sämtliche aktiven Sportarten. Am wichtigsten aber ist, daß Sie mit der Zeit mehr und mehr zu Ihrem Mars stehen, sich mehr zutrauen, öfter mal über die Stränge schlagen und sich nicht selbst dafür tadeln, wenn Ihr »marsischer« Anteil über Sie kommt.

Mars-Check

Wie gut setze ich mich durch? Ich habe alle Voraussetzungen, um mich gut durchzusetzen.
Wie aggressiv macht mich mein Mars? Ich muß mich ausleben, sonst werde ich sehr aggressiv.
Wieviel Sexpower verleiht mir mein Mars? Wenn ich mich nicht selbst unterdrücke, habe ich jede Menge Sex.

Mars im Stier – GENUSSVOLLES EROBERUNGSSPIEL

Marsstärken Ausdauernd, zäh, sinnlich
Marsschwächen Jähzornig, gierig, stur

Mars im Stier bedeutet eine Verbindung von Feuer (denn Mars ist ein Feuerplanet) und Erde (denn Stier ist vom Element her Erde). Diese Kombination verleiht Ihnen die Stärke eines mittleren Erdbebens. Was Sie anpacken, ziehen Sie auch durch, denn Sie haben nicht nur Kraft, sondern sind auch zäh und ausdauernd. Ihr Feuer brennt nicht lichterloh (um dann rasch in sich zusammenzufallen), es gleicht einer beständigen Glut. Darüber hinaus bringt die Begegnung des »Sexplaneten« Mars mit dem Tierkreiszeichen Stier eine betont sinnliche Komponente in Ihr Dasein. Die dritte Haupteigenschaft dieser Marsposition ist ein enormer Erwerbstrieb: Ihr Lebtag arbeiten Sie für Sicherheit, Geld, ein Haus, Luxus und was auch immer. Sie sind dafür

geboren, das Fleckchen Erde, auf dem Sie leben, in ein blühendes Paradies zu verwandeln.
Möglicherweise aber führt Ihr Mars ein Schattendasein, und Sie kennen ihn noch gar nicht richtig. Vielleicht schätzen Sie Ihr Leben überhaupt nicht als übermäßig sinnlich ein oder bezeichnen sich sogar als arm. Aber das heißt nur, daß Sie Ihren Mars noch nicht »gefunden« haben. Dennoch existiert er, seine kolossale Kraft, seine Sinnlichkeit und der Zug zu Reichtum schlummern in Ihnen.
Was Ihnen hilft, Ihren Mars zu »wecken«, ist körperliche Bewegung und Kontakt mit der Natur. Am wichtigsten aber ist, daß Sie an Ihren Mars glauben und in Ihrem Denken und Handeln Raum dafür schaffen.

Mars-Check

Wie gut setze ich mich durch? Wenn ich angegriffen werde, werde ich stark.
Wie aggressiv macht mich mein Mars? Ich kann furchtbar wütend werden, wenn man mich reizt.
Wieviel Sexpower verleiht mir mein Mars? Darüber muß man kein Wort verlieren – oder höchstens eines: viel ...!

Mars in den Zwillingen – VERSPIELTES EROBERUNGSSPIEL

Marsstärken Gewandt, neugierig, vielseitig
Marsschwächen Unkonzentriert, zerstreut

Mars in den Zwillingen hilft Ihnen, ein unternehmerischer, vielseitig interessierter und talentierter Mensch zu sein. Diese Konstellation verleiht Ihnen ein Feuer, das mutig und unerschrocken macht. Mit Mars, dem Feuerplaneten, und Zwillinge, einem Luftzeichen, treffen zwei Elemente aufeinander, die eine sehr günstige Mischung ergeben: Feuer braucht Luft. Im übertragenen Sinn bedeutet Luft Kommunikation. Daraus folgt, daß Sie vitaler, lebendiger und feuriger werden, sobald Sie unter Menschen sind. Hingegen dämpft Alleinsein Ihr Temperament. Oder die Gedanken beginnen zu rotieren, und Sie können Ihren Kopf nicht mehr abschalten.
Ihre durch Mars in den Zwillingen gesteigerte Neugierde, Ihr Interesse an allem, läßt sich jedoch nur im Kontakt mit Ihrer Außenwelt ausreichend befriedigen.

Allerdings kann es auch sein, daß Sie Ihren Mars noch gar nicht richtig entdeckt haben und ihn daher nicht ausleben können. Ihr eigenes Leben kommt Ihnen vielleicht überhaupt nicht übermäßig interessant und abwechslungsreich, sondern eher ziemlich langweilig vor. Das hieße dann aber, daß Sie Ihren Mars schleunigst ans Licht holen sollten. In jedem Fall existiert diese lebendige Kraft in Ihnen. Daran gibt es keinen Zweifel.

Mars-Check

Wie gut setze ich mich durch? Verbal kann ich mich prima durchsetzen.
Wie aggressiv macht mich mein Mars? Ich schimpfe höchstens einmal kräftig.
Wieviel Sexpower verleiht mir mein Mars? Ich bin kein wildes Tier, aber ich habe viel Lust am Sex.

Mars im Krebs – GEFÜHLVOLLES EROBERUNGSSPIEL

Marsstärken Gefühlsstark, strebsam
Marsschwächen Nachlässig, »zickig«

Mars, der Feuerplanet, und Krebs, von seiner Energie her ein Wasserzeichen, treffen aufeinander. Das kann dazu führen, daß das Feuer zunächst einmal im Wasser erlischt. Dann ist man ein Mensch, der Schwierigkeiten hat, seinen Willen durchzusetzen, die Ellenbogen zu benutzen, sich zu behaupten – denn all dies sind Eigenschaften, die der Planet Mars verleiht. Zugleich ist man innerlich gespannt, spürt Wut, Frustration und Ungenügen, kann damit aber nicht richtig herausrücken.
Es gibt jedoch auch die Möglichkeit, den Mars im Krebs zu transformieren. Dabei gilt es zu akzeptieren, daß man zwar nicht so direkt und forsch handeln kann, wie man es bei einem ungebremsten Mars erwarten würde, dafür aber ein tiefes Gefühlsleben besitzt. Mit Mars im Krebs ist man in positivster Weise ein Mensch, der tief in sich hineinschaut und seine Seele (und auch die anderer) kennt. Wenn Sie Ihren Mars so leben und erleben, sind Sie ein rezeptiver, kreativer Mensch, einer, der durch sein Mitschwingen mit anderen und sein psychologisches Gespür am Ende genauso viel erreicht wie Menschen mit anderen Marspositionen.

Allerdings kann es auch sein, daß Ihr Mars noch ein Schattendasein führt. Sie schätzen ihn nicht und versuchen, ihn durch effektiveres Verhalten zu ersetzen. Nur funktioniert das so eben nicht: Am Ende werden Sie noch unsicherer sein.
Stehen Sie zu Ihrem Mars! Leben Sie Ihren Mars mit all seinen Widersprüchen. Betreiben Sie Weiterbildung in Sachen Psychologie. Das hilft Ihnen, sich selbst besser zu verstehen.

Mars-Check

Wie gut setze ich mich durch? Auf direktem Weg fällt es mir schwer, mich durchzusetzen.
Wie aggressiv macht mich mein Mars? Es dauert lange, bis ich wütend werde.
Wieviel Sexpower verleiht mir mein Mars? Wenn ich mich sicher fühle, bin ich sehr erotisch.

Mars im Löwen – IMPOSANTES EROBERUNGSSPIEL

Marsstärken Selbstbewußt, herzlich, stolz
Marsschwächen Selbstsüchtig, eitel

Sie haben einen besonders starken Mars, und das hat seinen guten Grund: Der feurige Planet Mars begegnet dem Löwen, einem dem Element Feuer zugehörenden Zeichen. Feuer trifft also auf Feuer, verdoppelt sich, wird zur lodernden Flamme. Da Feuer ein Symbol gleichermaßen für Tatkraft wie geistige Regsamkeit ist, müssen Sie ein dynamischer, unternehmungsfreudiger Mensch sein, dessen Wirken durchdrungen ist von geistiger Weitsicht und Größe. Ihren hohen Ansprüchen, mit denen Sie um die Durchsetzung Ihrer Ziele kämpfen, steht eine einnehmende Herzlichkeit und eine lockere, beinahe spielerische Haltung gegenüber. Man könnte meinen, Ihre Erfolge fallen Ihnen einfach in den Schoß. Aber Sie bekommen nichts »gratis«. Sie sind dem Leben und anderen Menschen gegenüber immer hilfsbereit und großzügig – und das gibt Ihnen das Leben zurück.
Sollten Sie sich in diesem Bild nicht finden und sich vom Leben eher benachteiligt als beschenkt fühlen, führt Ihr Mars ein Schattendasein. Sie haben ihn noch gar nicht richtig entdeckt und können ihn daher nicht ausleben.

Was Ihnen hilft, Ihren Mars zu »wecken«, ist Bewegung, Tanz, aktiver Sport. Vor allem aber müssen Sie direkter, spontaner und selbstbewußter werden. Sie müssen sich mit dem Mars in Ihrem Inneren verbinden – es ist alles da, was Sie brauchen.

Mars-Check

Wie gut setze ich mich durch? Damit habe ich überhaupt keine Probleme.
Wie aggressiv macht mich mein Mars? Ich bin nicht leicht aus der Ruhe zu bringen. Aber wenn es sein muß, kann ich richtig toben.
Wieviel Sexpower verleiht mir mein Mars? Starken Partnern schenke ich alles – Schwächlinge schläfern mich ein.

Mars in der Jungfrau – VERSTECKTES EROBERUNGSSPIEL

Marsstärken Geistig fit, vernünftig, aktiv, arbeitsmotiviert, fleißig
Marsschwächen Zwanghaft, überängstlich

Feuer und Erde verbinden sich bei der Konstellation Mars in der Jungfrau, einem Erdzeichen. Feuer und Erde zusammen wecken Aktivität, Arbeitswillen, Genauigkeit und Realitätssinn. Ihr Feuer gleicht einer anhaltenden Glut. Das macht Sie zu einem Menschen, der gern und gut arbeitet, ausdauernd und präzise ist, strategisch vorgeht und sich nicht unüberlegt in seine Arbeit stürzt. Mars in der Jungfrau macht auch vorsichtig. Das kann unter Umständen in Kleinlichkeit und Angst ausarten. Auch eine übertrieben kritische Haltung sich selbst und anderen gegenüber kann die Folge sein. Sie brauchen daher ein Ventil, etwas, das Ihnen erlaubt, Ihren Mars ohne zuviel Kontrolle und Analyse ausleben zu können, wie zum Beispiel Sport oder andere körperliche Aktivitäten. Auch riskante Freizeitbeschäftigungen (Paragliding, Klettern) sind für Sie und Ihren Mars geeignet: Sie passen nämlich gut auf sich auf – und Ihrem Mars ist Genüge getan. Das wiederum kommt, zusammen mit der Jungfrauenergie, Ihrem Schaffen zugute.
Sie sollten auch einen Weg finden, Ihre Wut und Ihre Verletzungen besser zu zeigen. Mit Mars in der Jungfrau neigt man nämlich dazu, seine Aggressionen zu unterdrücken und irgendwo zu »bunkern« –

bis dann das Maß voll ist und man wegen einer Kleinigkeit »an die Decke geht«.

Mars-Check
Wie gut setze ich mich durch? Ich habe Probleme, mich durchzusetzen.
Wie aggressiv macht mich mein Mars? Ich brauche lange, bis ich explodiere.
Wieviel Sexpower verleiht mir mein Mars? Ich bin kein Hengst, aber auch keine Schnecke. Erfolg macht mich sexy.

Mars in der Waage – RAFFINIERTES EROBERUNGSSPIEL

Marsstärken	Lebhaft, gesellig, charmant, beliebt, ausgleichend, korrekt
Marsschwächen	Ausschweifend, untreu, unmäßig

Mit Ihrer Marsposition vereinigen sich Feuer (Mars) und Luft (Waage). Diese Kombination kommt beiden Elementen zugute und wertet sie auf. Sie sind daher ein leichter, »luftiger« Mensch von sanguinischem Temperament und besitzen die Gabe, andere rasch für sich einzunehmen. Ihr Auftreten ist charmant, einfühlsam, zuvorkommend.
Ihr Mars in der Waage macht Sie auch zu einem Streiter für Frieden und Ausgleich. Wo immer Ungerechtigkeiten und Zwietracht herrschen, fühlen Sie sich aufgerufen, zu schlichten und zu versöhnen. Zuweilen bricht aber auch bei Ihnen Mars in all seiner Heftigkeit durch, nämlich dann, wenn Sie zu lange versucht haben, ihn zu kontrollieren und zu unterdrücken.
Mars in der Waage führt auch zu starker Denkarbeit. Sie glauben, alle Probleme mit dem Kopf lösen zu können. Wichtig ist, sich für Ihren Mars ein Ventil zu suchen. Man kann diesen Planeten nicht zu permanenter Friedfertigkeit veranlassen. Aber wenn Sie ihn anderweitig leben, beim Sport, bei abenteuerlicher Freizeitgestaltung, dann gelingt es Ihnen besser, Ihren Mars für Ihre friedlichen Missionen einzuspannen. Ein weiteres Plus Ihrer Marsposition sind ein guter Geschmack und künstlerisches Talent.

Mars-Check
Wie gut setze ich mich durch? Ich bin ein guter Taktiker.

Wie aggressiv macht mich mein Mars? Eigentlich bin ich sehr friedlich, aber manchmal explodiere ich schon wegen einer Kleinigkeit.
Wieviel Sexpower verleiht mir mein Mars? Sex habe ich genug. Aber ich suche mehr, und zwar geistiges Verstehen.

Mars im Skorpion – INBRÜNSTIGES EROBERUNGSSPIEL

Marsstärken Kraftvoll, ausdauernd, hartnäckig, leidenschaftlich, furchtlos und mutig
Marsschwächen Lasterhaft, rachsüchtig

Ihnen steht ein besonderer Mars, eine starke, vitale Kraft zur Seite. Sie sind ausgesprochen zäh, wenn es um die Verwirklichung eines Zieles geht, an dem Ihnen auch emotional liegt. Selbst Mühen und Unannehmlichkeiten, mit denen sich andere Menschen nicht belasten würden, nehmen Sie dann gern in Kauf. Nicht verwunderlich ist es, daß diese Hartnäckigkeit mitunter zu außerordentlichen Leistungen führt. Dennoch sind Sie kein Kraftprotz, einer, der die Muskeln spielen läßt und bei jeder Gelegenheit zeigen will, was er draufhat. Skorpion ist vom Element her ein Wasserzeichen. Die Kraft des Planeten Mars ist nicht auf äußere Wirkung aus. Seine Power geht nach innen. Diese Marsposition führt dazu, daß Sie instinktiv wissen, wann Ihr Einsatz wichtig ist, wann etwas Bedeutsames und Wichtiges ansteht und erledigt werden muß: Dann werden Sie zum »Helden«. Daher ist Ihnen zu raten, Herausforderungen zu suchen und anzunehmen. Nur dann steht Ihr Mars voll auf Ihrer Seite, während Sie sonst beinahe müde und lustlos sein können.
Ihr Mars neigt zur Zerstörung. Das ist immer dann gut, wenn etwas alt, verbraucht, überholt und ein neuer Anfang angezeigt ist. Aber hüten Sie sich vor mutwilliger Zerstörung! – Mit Mars im Skorpion verfügen Sie auch über eine kolossale Sexpower. Sie sind leidenschaftlich, triebstark und letztendlich beseelt von der Idee, für Nachwuchs zu sorgen.

Mars-Check
Wie gut setze ich mich durch? Ich bringe meine Power indirekt ein und setze so meinen Willen durch.
Wie aggressiv macht mich mein Mars? Ich kann alles zerstören.
Wieviel Sexpower verleiht mir mein Mars? Mehr als allen anderen.

Mars im Schützen – FEURIGES EROBERUNGSSPIEL

Marsstärken Schlagfertig, gerecht, begeisterungsfähig, klar und offen
Marsschwächen Streitbar, aggressiv, beleidigend

Mit Mars im Schützezeichen trifft Feuer wieder auf Feuer und wird zur lodernden Flamme: Ihr Mars zeigt sich mit besonderer Intensität. Da Feuer ein Symbol gleichermaßen für Tatkraft wie geistige Regsamkeit ist, müssen Sie ein dynamischer, unternehmungsfreudiger Mensch sein, dessen Wirken durchdrungen ist von geistiger Weitsicht und Größe. Ihr Handeln und Wirken wird stark von Idealen geleitet: von Gerechtigkeit, Ritterlichkeit und Fairneß. Sie sind leicht zu begeistern und – einmal in Schwung – kaum zu bremsen. Was Sie brauchen, ist ein Ziel, eine Hoffnung, eine Perspektive, sonst erlischt Ihr Feuer.
Allerdings kann es auch sein, daß Ihr Mars noch ein Schattendasein führt, daß Sie ihn noch gar nicht richtig entdeckt haben. Vielleicht meinen Sie, keineswegs feurig oder übermäßig aktiv zu sein, sondern erleben sich eher als passiven Zeitgenossen. Dies hieße dann, daß Sie einen Teil Ihres Selbst negieren – und sich auf die Suche nach Ihrem Mars begeben sollten.
Was Ihnen hilft, Ihren Mars zu »wecken«, ist Bewegung, Tanz, aktiver Sport und Reisen. Vor allem aber müssen Sie direkter, spontaner und selbstbewußter werden. Sie müssen sich mit dem Mars in Ihrem Inneren verbinden – es ist alles da, was Sie brauchen.

Mars-Check
Wie gut setze ich mich durch? Solange Fairneß herrscht, kann ich mich prima durchsetzen.
Wie aggressiv macht mich mein Mars? Ich bin nicht aggressiv, aber für eine gute Sache werde ich zum heiligen Krieger.
Wieviel Sexpower verleiht mir mein Mars? Sex bringt mich dem Himmel näher.

Mars im Steinbock – BERECHNENDES EROBERUNGSSPIEL

Marsstärken Verantwortungsvoll, geduldig, zäh, mutig, tatkräftig
Marsschwächen Eigenwillig, mißmutig

Mars im Steinbock führt zu einer Verbindung von Feuer und Erde, da der Steinbock zu den Erdzeichen zählt. Feuer und Erde zusammen wecken Arbeitswillen, Genauigkeit und Realitätssinn. Ihr Feuer brennt nicht lichterloh (um sich dann rasch zu verzehren), sondern lang anhaltend wie eine wohlgeschürte Glut. Das macht Sie zu einem Menschen, der gern und gut arbeitet, ausdauernd und präzise ist, strategisch vorgeht und sich nicht unüberlegt in seine Tätigkeiten stürzt. Mars im Steinbock macht auch extrem widerstandsfähig. Man kann Sie mit einem Diamantbohrer vergleichen, der sich in eine Sache unaufhaltsam hineinfrißt. Mars im Steinbock macht erfolgreich. Er verleiht Ihnen die entsprechende Motivation und ein Gespür für Machtverhältnisse.
Diese Konstellation bedeutet aber auch, daß sich Mars total wandeln muß. Aus einer impulsiven, feurigen, leicht erregbaren, leidenschaftlichen Energie wird eine kontrollier- und regelbare Kraft, die sich einer höheren Absicht fügt und dem Allgemeinwohl dient. Sie dürfen allerdings die ursprüngliche Qualität von Mars nicht vollständig verlieren. Das würde zu Aggressionsstau und unter Umständen sogar zu gesundheitlichen Problemen führen. Es ist also wichtig, sich für Ihren Mars ein Ventil zu suchen. Wenn Sie ihn anderweitig leben, beim Sport oder bei abenteuerlicher Freizeitgestaltung, dann gelingt es Ihnen besser, Ihren Mars für Ihre höheren Zwecke einzuspannen.

Mars-Check
Wie gut setze ich mich durch? Ich bin ein harter Arbeiter und schaffe alles, was ich will.
Wie aggressiv macht mich mein Mars? Normalerweise bin ich friedlich. Wer es aber drauf anlegt, wird mich kennenlernen.
Wieviel Sexpower verleiht mir mein Mars? Wenn die Verhältnisse stimmen, hole ich mir auch hier meine Gipfelerlebnisse!

Mars im Wassermann – GEISTREICHES EROBERUNGSSPIEL

Marsstärken Aufgeweckt, innovativ, selbständig, schöpferisch
Marsschwächen Prahlerisch, eingebildet

Mit Ihrer Marsposition vereinigen sich Feuer (Mars) und Luft (Wassermann). Diese Kombination kommt beiden Elementen zugute und wertet sie auf. Sie sind daher ein leichter, »luftiger« Mensch, der die Gabe besitzt, andere für sich einzunehmen. Ihr Auftreten ist charmant, einfühlsam und zuvorkommend.

Alltag, graues Einerlei, tägliche Routine erzeugen bei Ihnen eine Gänsehaut. Sie möchten Neues erschaffen, eingefahrene Gleise verlassen, originell und schöpferisch sein. Freiheit ist für Sie überaus wichtig. Sie arbeiten besser, wenn Sie nicht ständig jemand gängelt. Sie sind der geborene »Freelancer«. Ihr ausgeprägtes Improvisationstalent ermöglicht Ihnen, originelle und unkonventionelle Lösungen zu finden, wenn Sie nicht durch Vorgaben eingeschränkt werden. In Beziehungen wird es Ihnen ebenfalls schnell zu eng. Eine Ehe bereitet Ihnen (auch) Probleme, Sie fühlen sich unfrei, wie »eingesperrt«.

Vielleicht aber entspricht diese Charakterisierung nicht Ihrem Selbstbild: Weder schätzen Sie sich als unabhängig oder freiheitsliebend noch als übermäßig schöpferisch ein. Dann ist zu vermuten, daß Ihr Mars noch auf seine Entdeckung wartet. Machen Sie sich auf die Suche! Was Ihnen hilft, Ihren Mars zu »wecken«, ist Bewegung, vor allem Tanz. Noch wichtiger aber ist, unkonventioneller und spontaner zu werden. Sie müssen sich mit dem Mars in Ihrem Inneren verbinden – es ist alles da, was Sie benötigen.

Mars-Check

Wie gut setze ich mich durch? Ich bin genial, aber nicht unbedingt durchsetzungsstark.

Wie aggressiv macht mich mein Mars? Ich hasse aggressive Menschen.

Wieviel Sexpower verleiht mir mein Mars? Sex ist schön, aber er ist nicht alles.

Mars in den Fischen – SPHINXHAFTES EROBERUNGSSPIEL

Marsstärken Empfänglich, intuitiv, einfühlsam, kreativ
Marsschwächen Willensschwach, beeinflußbar, täuschbar

Der Feuerplanet Mars steht im Wasserzeichen Fische: Feuer und Wasser treffen aufeinander. Das kann dazu führen, daß das Feuer zunächst einmal ausgeht. Dann sind Sie jemand, der Schwierigkeiten hat, seinen Willen durchzusetzen, die Ellenbogen zu benutzen und sich zu behaupten – denn all dies sind marsische Eigenschaften. Gleichzeitig fühlen Sie sich jedoch innerlich gespannt, spüren Wut, Enttäuschung und Ungenügen, kommen damit aber nicht richtig heraus.
Es gibt jedoch auch die Möglichkeit, den Mars in den Fischen zu transformieren. Dazu muß man akzeptieren, daß man zwar nicht so direkt und forsch vorgeht, wie man es bei einem ungebremsten Mars erwarten würde, dafür aber eine andere Fähigkeit besitzt, nämlich ein kolossales Gespür. Das Fischezeichen ist seinem Wesen nach »transparent«, es besitzt keine klaren Grenzen, versetzt jemanden daher in die Lage, sich universell zu »vernetzen«. Man besitzt also eine Art sechsten Sinn, spürt andere Menschen, die sich nicht einmal in der Nähe aufhalten, ja, vermag sich sogar in die Zukunft zu »beamen«. Mars kann all diese Fähigkeiten noch steigern: Man wird zum paranormalen Individuum.
Wenn Sie Ihren Mars so in Ihr Leben integrieren, sind Sie ein Mensch, der durch sein Mitschwingen mit anderen und sein psychologisches Gespür am Ende genauso viel erreicht wie Menschen mit anderen Marspositionen.

Mars-Check

Wie gut setze ich mich durch? Damit habe ich Probleme. Versuche ich es dennoch, muß ich von der Sache hundertprozentig überzeugt sein.
Wie aggressiv macht mich mein Mars? Es dauert ewig, bis ich aus der Haut fahre.
Wieviel Sexpower verleiht mir mein Mars? Sex ist wunderbar, aber er ist nicht alles ...

Das Jupiterhoroskop –
INNERLICH UND ÄUSSERLICH REICH UND ERFOLGREICH SEIN

Jupiterzeichen

Nachts, wenn Venus nicht mehr (oder noch nicht) am Himmel leuchtet, ist Jupiter einer der hellsten Sterne überhaupt. Kein Wunder daher, daß er unseren Vorfahren, die der Nacht in viel umfassenderem Maße ausgeliefert waren als wir heute in unserer künstlich erhellten Zeit, ein Symbol für Hoffnung, Trost, Stimmigkeit und Gerechtigkeit war. Oft verband man ihn mit der obersten Gottheit.

So auch in der griechischen Mythologie, auf die sich die Symbolik der Astrologie entscheidend bezieht. Jupiter heißt bei den Griechen »Zeus«, und über ihn gibt es unzählige Mythen. So war er es, der gegen seinen Vater Saturnus bzw. Kronos, den obersten der Titanen, antrat

und ihn besiegte. Saturnus hatte nämlich außer Zeus alle seine Nachkommen aufgefressen, weil ihm geweissagt worden war, daß ihn eines seiner Kinder vom Throne stoßen würde. Rheia, Zeus' Mutter, versteckte ihren Sohn vor dem Vater, und die Prophezeiung erfüllte sich: Zeus entthronte ihn und warf ihn in den Tartaros.
Andere Geschichten über Zeus/Jupiter erzählen eher Delikates. So gelüstete es den obersten Gott wie gesagt immer wieder nach weltlichen Frauen, die er durch List dazu brachte, mit ihm zu schlafen und Kinder von ihm zu empfangen. Bei Leda zum Beispiel verwandelte er sich in einen Schwan und zeugte mit ihr Pollux. Auch Herakles und Dionysos entstammten seinem gemeinsamen Lager mit sterblichen Frauen. Gezeugt durch den unsterblichen Jupiter, erlangten seine Kinder ebenfalls die Unsterblichkeit.
Die Position Jupiters im Horoskop verweist daher einerseits auf tiefe Einsichten: Jupiter sorgt dafür, daß uns »ein Licht aufgeht«, wir letzten Endes weise werden. Auf der anderen Seite verkörpert Jupiter eine Gestalt, der eine unendlich große Liebe zukommt. Sinnbildlich gesprochen, sehnt sich der Mensch danach, sich mit dem göttlichen Jupiter zu vereinigen, um Kinder (symbolisch für Ideen und Taten) zu gebären, die unsterblich sind.
Des weiteren repräsentiert Jupiter den großen Helfer und Heiler. Dort, wo er im Horoskop steht, findet der Mensch Kräfte, sich und andere zu trösten und zu stärken. Am bekanntesten ist Jupiter in der Astrologie aber deswegen, weil er das Glück verheißt.

DIE ERMITTLUNG DES JUPITERZEICHENS

Suchen Sie in der Jupitertabelle Ihren Geburtstag, und entnehmen Sie Ihre Jupiterposition, die Sie auf den entsprechenden Text im anschließenden Kapitel über die Jupiterzeichen der Steinböcke verweist. (Siehe auch die Vorbemerkung am Beginn von Teil II dieses Buches.)

Die Jupitertabelle

1920* 1.1.–21.1. Löwe, 21.12.–31.12. Jungfrau, **1921** 1.1.–21.1. Jungfrau, 21.12.– 31.12. Waage, **1922** 1.1.–21.1. Waage, 21.12.–31.12. Skorpion, **1923** 1.1.–21.1. Skorpion, 21.12.–31.12. Schütze, **1924** 1.1.–21.1. Schütze, 21.12.–31.12. Steinbock, **1925** 1.1.–21.1. Steinbock, 21.12.–31.12. Steinbock, **1926** 1.1.–6.1. Steinbock, 7.1.–21.1. Wassermann, 21.12.–31.12. Wassermann, **1927** 1.1.–18.1. Wassermann, 19.1.–21.1. Fische, 21.12.–31.12. Fische, **1928** 1.1.–21.1. Fische, 21.12.–31.12. Stier, **1929** 1.1.– 21.1. Stier, 21.12.–31.12. Zwillinge, **1930** 1.1.–21.1. Zwillinge, 21.12.–31.12. Krebs, **1931** 1.1.–21.1. Krebs, 21.12.–31.12. Löwe, **1932** 1.1.–21.1. Löwe, 21.12.–31.12. Jungfrau, **1933** 1.1.–21.1. Jungfrau, 21.12.–31.12. Waage, **1934** 1.1.–21.1. Waage, 21.12.–31.12. Skorpion, **1935** 1.1.–21.1. Skorpion, 21.12.–31.12. Schütze, **1936** 1.1.– 21.1. Schütze, 21.12.–31.12. Steinbock, **1937** 1.1.–21.1. Steinbock, 21.12.–31.12. Wassermann, **1938** 1.1.–21.1. Wassermann, 21.12.–29.12. Wassermann, 30.12.–31.12. Fische, **1939** 1.1.–21.1. Fische, 21.12.–31.12. Widder **1940** 1.1.–21.1. Widder, 21.12.– 31.12. Stier, **1941** 1.1.–21.1. Stier, 21.12.–31.12. Zwillinge, **1942** 1.1.–21.1. Zwillinge, 21.12.–31.12. Krebs, **1943** 1.1.–21.1. Krebs, 21.12.–31.12. Löwe, **1944** 1.1.–21.1. Löwe, 21.12.–31.12. Jungfrau, **1945** 1.1.–21.1. Jungfrau, 21.12.–31.12. Waage, **1946** 1.1.–21.1. Waage, 21.12.–31.12. Skorpion, **1947** 1.1.–21.1. Skorpion, 21.12.–31.12. Schütze, **1948** 1.1.–21.1. Schütze, 21.12.–31.12. Steinbock, **1949** 1.1.–21.1. Steinbock, 21.12.–31.12. Wassermann, **1950** 1.1.–21.1. Wassermann, 21.12.–31.12. Fische, **1951** 1.1.–21.1. Fische, 21.12.–31.12. Widder, **1952** 1.1.–21.1. Widder, 21.12.–31.12. Stier, **1953** 1.1.–21.1. Stier, 21.12.–31.12. Zwillinge, **1954** 1.1.–21.1. Zwillinge, 21.12.–31.12. Krebs, **1955** 1.1.–21.1. Krebs, 21.12.–31.12. Jung-

* Siehe auch die Anmerkung zur Mondtabelle.

frau, **1956** 1.1.–18.1. Jungfrau, 19.1.–21.1. Löwe, 21.12.–31.12. Waage, **1957** 1.1.–21.1. Waage, 21.12.–31.12. Waage, **1958** 1.1.–13.1. Waage, 14.1.–21.1. Skorpion, 21.12.–31.12. Skorpion, **1959** 1.1.–21.1. Skorpion, 21.12.–31.12. Schütze, **1960** 1.1.–21.1. Schütze, 21.12.–31.12. Steinbock, **1961** 1.1.–21.1. Steinbock, 21.12.–31.12. Wassermann, **1962** 1.1.–21.1. Wassermann, 21.12.–31.12. Fische, **1963** 1.1.–21.1. Fische, 21.12.–31.12. Widder, **1964** 1.1.–21.1. Widder, 21.12.–31.12. Stier, **1965** 1.1.–21.1. Stier, 21.12.–31.12. Zwillinge, **1966** 1.1.– 21.1. Zwillinge, 21.12.–31.12. Löwe, **1967** 1.1.–16.1. Löwe, 17.1.–21.1. Krebs, 21.12.– 31.12. Jungfrau, **1968** 1.1.–21.1. Jungfrau, 21.12.–31.12. Waage, **1969** 1.1.–21.1. Waage, 21.12.–31.12. Skorpion, **1970** 1.1.–21.1. Skorpion, 21.12.–31.12. Skorpion, **1971** 1.1.–13.1. Skorpion, 14.1.–21.1. Schütze, 21.12.–31.12. Schütze, **1972** 1.1.–21.1. Schütze, 21.12.–31.12. Steinbock, **1973** 1.1.–21.1. Steinbock, 21.12.–31.12. Wassermann, **1974** 1.1.–21.1. Wassermann, 21.12.–31.12. Fische, **1975** 1.1.–21.1. Fische, 21.12.–31.12. Widder, **1976** 1.1.–21.1. Widder, 21.12.–31.12. Stier, **1977** 1.1.–21.1. Stier, 21.12.–31.12. Krebs, **1978** 1.1.–21.1. Zwillinge, 21.12.–31.12. Löwe, **1979** 1.1.– 21.1. Löwe, 21.12.–31.12. Jungfrau, **1980** 1.1.–21.1. Jungfrau, 21.12.–31.12. Waage, **1981** 1.1.–21.1. Waage, 21.12.–31.12. Skorpion, **1982** 1.1.–21.1. Skorpion, 21.12.– 25.12. Skorpion, 26.12.–31.12. Schütze, **1983** 1.1.–21.1. Schütze, 21.12.–31.12. Schütze, **1984** 1.1.–19.1. Schütze, 20.1.–21.1. Steinbock, 21.12.–31.12. Steinbock, **1985** 1.1.– 21.1. Steinbock, 21.12.–31.12. Wassermann, **1986** 1.1.–21.1. Wassermann, 21.12.– 31.12. Fische, **1987** 1.1.–21.1. Fische, 21.12.–31.12. Widder, **1988** 1.1.–21.1. Widder, 21.12.–31.12. Stier, **1989** 1.1.–21.1. Stier, 21.12.–31.12. Krebs, **1990** 1.1.–21.1. Krebs, 21.12.–31.12. Löwe, **1991** 1.1.–21.1. Löwe, 21.12.–31.12. Jungfrau, **1992** 1.1.–21.1. Jungfrau, 21.12.–31.12. Waage, **1993** 1.1.–21.1. Waage, 21.12.–31.12. Skorpion, **1994** 1.1.–21.1. Skorpion, 21.12.–31.12. Schütze, **1995** 1.1.–21.1. Schütze, 21.12.–31.12. Schütze, **1996** 1.1.–2.1. Schütze, 3.1.–21.1. Steinbock, 21.12.–31.12. Steinbock, **1997** 1.1.–21.1. Steinbock, 21.12.–31.12. Wassermann, **1998** 1.1.–21.1. Wassermann, 21.12.–31.12. Fische, **1999** 1.1.–21.1. Fische, 21.12.–31.12. Widder, **2000** 1.1.–21.1. Widder, 21.12.–31.12. Zwillinge, **2001** 1.1.–21.1. Zwillinge, 21.12.–31.12. Krebs, **2002** 1.1.–21.1. Krebs, 21.12.–31.12. Löwe, **2003** 1.1.–21.1. Löwe, 21.12.–31.12. Jung frau

Jupiter im Widder – DAS GLÜCK DES FEUERS

Jupiterstärken Selbstvertrauen, Optimismus
Jupiterschwächen Prahlerei

Ihr Glück ist für Sie die Möglichkeit, Ihren Willen und Ihre Impulse spontan und unmittelbar umsetzen zu können. Sie sind ein Abenteurer – in Wirklichkeit wie im Geiste. Sie möchten wie Kolumbus die Welt entdecken. Und wie Einstein, Hildegard von Bingen oder Galileo Galilei den Gipfel menschlicher Erkenntnis erreichen. Wenn Sie sich bewegen, geistig wie körperlich, sind Sie Ihrem Schöpfer am nächsten. Stillstand hingegen weckt Resignation; Sie fühlen sich fern und ausgestoßen vom großen Ganzen. Durch Ihre optimistische und positive Weltauffassung sind Sie dafür bestimmt, anderen voranzugehen oder ihnen den Weg zu weisen. Denn Sie tragen eine Fackel des Lichts und der Wahrheit. So schlummert auch ein Heiler und Prophet in Ihnen, der im Lauf Ihres Lebens geweckt werden will. Bevor Sie allerdings selber ein Lichtbringer sein können, werden Sie Persönlichkeiten suchen, die Ihnen auf Ihrem eigenen Weg ein Vorbild sind. Mit der Gabe, andere zu führen, müssen Sie behutsam umgehen. Hüten Sie sich, andere zu blenden oder sich über deren Unwissen zu erheben. Sie dürfen Ihre Demut nie verlieren, und Sie dürfen nicht vergessen, daß Sie selbst auch – und sogar zuallererst – ein Suchender sind.

Jupiter-Check
Wie habe ich Erfolg, inneres und äußeres Glück? Durch Handeln, Reisen, Unternehmungen, Initiativen.
Wie kann ich helfen und heilen? Durch tatkräftiges Unterstützen, Körpertherapie, Yoga, Sport, Wärme. Andere motivieren, ihnen Mut zusprechen.

Jupiter im Stier – DAS GLÜCK DER ERDE

Jupiterstärken Geduld, Großzügigkeit
Jupiterschwächen Bequemlichkeit

Ihr Glück liegt im ungestörten Genuß. Überfluß und Sicherheit bedeuten für Sie die Erfüllung Ihrer Wünsche. Natürlich würden Sie Ihr erstrebtes Glück, wenn es möglich wäre, herbeizaubern, aber Sie können auch warten. Wie ein Gärtner geduldig sät und die wachsenden Pflanzen hegt, damit sie zur vollen Größe gedeihen können, so überwachen Sie Ihr Hab und Gut, Ihre Anlagen und Talente und entwickeln sie zur vollen Reife.
Der Vergleich mit dem Gärtner ist auch in anderer Hinsicht passend. Denn Sie lieben die Natur. Eine Waldlichtung im Frühling erscheint Ihnen als Dom, und Sie sind Ihrem Schöpfer dort vielleicht näher als in einer Kirche. Die Natur zeigt Ihnen absolute Ordnung, Stimmigkeit und Erfüllung. Und Natur heilt. Sie heilt Sie, wenn Sie erschöpft oder krank sind. Sie brauchen sich nur unter einen Baum zu legen, und Sie fühlen sich sofort besser.
In der Natur finden Sie aber auch die Stoffe, um andere zu heilen. Nahrung, Heilkräuter, homöopathische Essenzen. Alles erhält durch Ihren Jupiter eine höhere Potenz, heilt und macht ganz. Sie sollten sich jedoch davor hüten, sich nicht im reinen Besitz zu verlieren: Ein Baum sammelt nicht die Erde, die ihn hält, er benützt sie, um in den Himmel zu wachsen.

Jupiter-Check
Wie habe ich Erfolg, inneres und äußeres Glück? Durch Geduld und Nähe zur Erde. Durch materiellen Wohlstand. Durch Liebe und Sinnlichkeit.
Wie kann ich helfen und heilen? Durch die Heilkräfte der Natur.
Aber auch allein ihre Nähe beruhigt und heilt.

Jupiter in den Zwillingen – DAS SELBSTVERSTÄNDLICHE GLÜCK

Jupiterstärken Begeisterungsfähigkeit
Jupiterschwächen Ruhelosigkeit

Ihr Glück finden Sie im Alltäglichen, auf einem Wochenmarkt, im Zug, bei einer Unterhaltung mit Freunden und Bekannten. Aber auch zu Menschen, die Sie noch nicht kennen, finden Sie rasch einen Bezug und große Nähe. Dieses »kleine Glück« bedeutet Ihnen wesentlich mehr als die Suche nach großer und absoluter Erfüllung.
Sie haben eine enorme sprachliche Begabung und werden in Ihrem Leben bestimmt mehrere Sprachen lernen. Sie können auch gut schreiben und sprechen.
Um sich wohl zu fühlen, brauchen Sie die Geselligkeit, den verbalen Austausch und die lebendige Kommunikation. Unter Menschen finden Sie zu sich und fühlen sich aufgehoben im Ganzen der Schöpfung. Allein hingegen verlieren Sie Ihre innere Sicherheit und den tiefen Glauben, daß alles sinnvoll und von höherem Willen getragen ist. Daher ist es auch Ihre Aufgabe, Menschen miteinander zu verbinden, damit sie sich nicht als Individuen erfahren, die wie Robinson Crusoe »allein auf einer Insel« leben. Der Mensch ist ein soziales Wesen. Er wächst in einer Familie auf, schafft sich später seine eigene Familie, seine Arbeitswelt, seine Freunde. Selbst wenn er die Erde verläßt, geht er nicht in die Einsamkeit, sondern dorthin, wo sich immer schon alle aufhalten. Sie sind auf der Welt, um Menschen aus ihrer Einsamkeit zu befreien, in die sie irrtümlicherweise geraten sind.

Jupiter-Check

Wie habe ich Erfolg, inneres und äußeres Glück? In den »kleinen«, alltäglichen Dingen, die um Sie herum sind. Und in der Begegnung mit anderen.
Wie kann ich helfen und heilen? Durch gute Worte, aufmunternden Zuspruch, durch Zuhören und Teilnahme. Durch Schaffen von Verbindungen.

Jupiter im Krebs – DAS GLÜCK DES FÜHLENS

Jupiterstärken Suggestivwirkung, Phantasie
Jupiterschwächen Gefühlspathos, Mißbrauch

Glück finden Sie in Ihren eigenen und in den Gefühlen anderer. Auch Musik oder ein Gedicht weckt ein Ahnen, das Sie Ihrem Schöpfer näherbringt. Gott ist Ihrer Meinung nach ein Gefühl der Verschmelzung mit dem Strom, aus dem alles kommt, und dem Ozean, in den alles mündet.

Man könnte Sie auch einen »Seelentaucher« nennen, denn Ihre liebste Beschäftigung ist, in Ihre eigene oder die Seele anderer Menschen zu tauchen. Eine gesunde und heile Psyche ist für Sie unerläßlich, um zufrieden zu sein. Daher wenden sich auch andere Menschen an Sie, weil sie instinktiv spüren, daß Sie ihnen dabei helfen können, die eigene Seele zu heilen. So betrachtet sind Sie ein Lichtbringer, der anderen Frieden schenkt.

In der Familie sehen Sie den Anfang allen Glücks – aber auch den Anfang allen Elends. Sie werden daher nicht müde, die heile, sinnstiftende, ganzheitliche, befreiende Familie zu postulieren. In diesem Zusammenhang ist eines sehr wichtig: Sosehr Sie die Familie lieben, so fern liegt es Ihnen, nur Ihr eigenes Nest zu bewundern. Ganz im Gegenteil, fremde Sitten und Gewohnheiten sind Ihnen ebenso wichtig wie die eigenen. Am liebsten würden Sie in einer Gemeinschaft leben, die von Menschen der unterschiedlichsten Herkunft getragen wird. Geborgenheit ist für Sie kein leeres Wort, sondern ein anderer Ausdruck für Erfüllung, Heimat, Göttlichkeit und Ewigkeit. Wie ein Seismograph erspüren Sie daher Unstimmigkeiten in Ihrer Umgebung, die Disharmonie verursachen und den Frieden stören können. Ihre großen heilerischen Fähigkeiten ermöglichen es, solche Dissonanzen zur Auflösung zu bringen. Hüten Sie sich aber davor, als Retter aufzutreten. Sie sind stark, wenn Sie gewisse Dinge einfach nur geschehen lassen.

Jupiter-Check

Wie habe ich Erfolg, inneres und äußeres Glück? Im Fühlen, in der Liebe, im Geben, in der Familie, in der Vergangenheit, bei den Ahnen.
Wie kann ich helfen und heilen? Durch aufdeckende Gespräche und Begleiten.

Jupiter im Löwen – DAS GLÜCK DER FREUDE

Jupiterstärken Herzenswärme, Großmut
Jupiterschwächen Eitelkeit, Dünkel

Glück bedeutet für Sie, die Möglichkeit zu haben, spontan und großzügig schenken zu können. Äußere Werte sind Ihnen deshalb nicht unwichtig, denn nur wer hat, kann geben. Aber Sie sind absolut kein Materialist, im Gegenteil: Wenn Sie nach Macht und Einfluß streben, dann nicht in erster Linie um persönlicher Vorteile willen, sondern weil Sie überzeugt sind, mit Ihrem Eintreten für Ihre Werte einen wichtigen Beitrag für die Allgemeinheit leisten zu können. Geben und großzügig sein zu können sind für Sie wesentliche Eigenschaften. Aber dieses Geben bezieht sich auf ganz andere Dinge als auf Geld und schöne Geschenke: In Ihnen lebt auch die Göttin der Muse, die nur geweckt werden möchte, um andere zu erfreuen, zu unterhalten, zu erheben. Als Künstler, Maler, Musiker, Bildhauer, Poet – darin steckt Ihre größte Erfüllung. Sie müssen jedoch nicht bühnenreif singen oder druckreif schreiben können, um Ihrer Bestimmung als »göttlicher Unterhalter« gerecht zu werden. Wo immer Sie unter Menschen sind, verbreiten Sie Ihren Optimismus. So liegt denn Ihre Bestimmung auch darin, anderen die Freude am Leben zu zeigen.
Wovor Sie sich hüten müssen, ist Ihr Stolz. Sie können nur schwer Kritik ertragen. Und wenn sich andere von Ihnen abwenden, erleben Sie das immer als persönlichen Affront. Bleiben Sie heiter! Tragen Sie das Feuer der Freude unter die Menschen! Aber achten Sie darauf, daß Sie niemanden damit verbrennen!

Jupiter-Check
Wie habe ich Erfolg, inneres und äußeres Glück? Durch lebendige Teilnahme am Leben. Durch Großzügigkeit. Durch die Kraft der Heiterkeit.
Wie kann ich helfen und heilen? Zeigen Sie anderen das Leben, wie Sie es wahrnehmen, als nährenden Urgrund, als göttlichen Spielplatz.

Jupiter in der Jungfrau – DAS GLÜCK DER GESUNDHEIT

Jupiterstärken Engagement, Bescheidenheit
Jupiterschwächen Zersplitterung

Glück ist für Sie die einfachste Sache der Welt, es liegt vor der Tür, es muß nur gefunden und aufgehoben werden. Sie sind daher auch kein Freund großangelegter und sich ewig hinziehender Expeditionen auf der Suche nach dem Glück. Entweder es ist hier – oder nirgends. Manchmal finden Sie das Glück in der Arbeit. Es stimmt Sie völlig zufrieden, wenn Dinge passen oder richtig ineinandergefügt sind und am Schluß eine Maschine läuft oder ein bestimmtes Programm Ergebnisse liefert. Manchmal finden Sie Ihr Glück in der Ordnung: Insbesondere die Natur ist Ihnen darin ein genialer Lehrmeister. Die Folge der Jahreszeiten, das Ineinandergreifen von Phasen des Wachstums und der Stagnation – das alles ist für Sie ein Ausdruck göttlicher Ordnung, die sich in Geschehnissen am Himmel tagtäglich und jahraus, jahrein wiederholt. Auf besondere Weise faszinieren Sie aber die Vorgänge im menschlichen Körper. Dieses tagtägliche Wunder von Nahrungsaufnahme und Verwandlung in Leben, das Ineinandergreifen von Atmung und dem Schlagen des Herzens, das alles ist für Sie ein sinnhafter Beweis göttlichen Wirkens.
Ihr Wissen über die Natürlichkeit und Göttlichkeit des menschlichen Seins befähigt Sie daher zum Heiler. Dafür müssen Sie nicht gleich Arzt, Heilpraktiker oder Psychotherapeut sein. Allein durch Ihre Nähe und Ihr Bewußtsein bewirken Sie bei anderen kleine Quantensprünge. Je weiter Sie selbst sind, um so eher können Sie anderen ein Vorbild sein. Wovor Sie sich hüten müssen, ist, Ihr wertvolles Wissen zu mißbrauchen. Wirken Sie durch Ihr gutes Beispiel und nicht durch Druck und Besserwisserei!

Jupiter-Check
Wie habe ich Erfolg, inneres und äußeres Glück? Im alltäglichen Tun. In der Arbeit. Im Gefühl der Ordnung.
Wie kann ich helfen und heilen? Durch bewußte Ernährung. Durch Studium von Körper und Geist. Durch Lernen von der Natur.

Jupiter sorgt dafür, daß uns ein Licht aufgeht

Jupiter in der Waage – DAS GLÜCK DER LIEBE

Jupiterstärken Toleranz, Lebenskünstler
Jupiterschwächen Eitelkeit, Genußsucht

Glück finden Sie in der Kraft der Liebe. Sie müssen nicht einmal selbst daran unmittelbar beteiligt sein. Auch wenn andere Menschen die Liebe finden, fühlen Sie sich angenommen, zu Hause, eins mit der Schöpfung. Noch göttlicher ist es natürlich, wenn die Liebe Sie selbst betrifft … Auf einer Wolke schweben Sie, im Paradies sind Sie, im Himmel … Liebe ist Ihrer Meinung nach Ursprung und Ziel allen Seins. Gott ist die Liebe, und das Leben entspringt aus ihr. Der Liebe geben Sie alles. Umgekehrt beschenkt Sie die Liebe auch. Sie erhalten die Fähigkeit, andere tief zu berühren, sie zu trösten, zu erfreuen und aufzubauen. Ihre Liebe ermöglicht es Ihnen, unterschiedliche Tendenzen und Wünsche aufzunehmen und in Einklang zu bringen. Sie finden immer wieder tragfähige Kompromisse, bei denen niemand der Verlierer ist. Ihr sicheres Geschick prädestiniert Sie für viele Tätigkeiten und Berufe, bei denen es auf Vermittlerqualitäten ankommt, zum Beispiel in der Politik, wenn es darum geht, Menschen mit den unterschiedlichsten Meinungen an einen Tisch zu bringen.
Auch der Kunst gehört Ihr Herz. Allerdings zählt für Sie nur das zur Kunst, was von Liebe getragen ist und Harmonie und Stimmigkeit ausdrückt. Im Grunde genommen schlummert in Ihnen selbst ein Künstler, der darauf wartet, seine Fähigkeiten zum Fließen bringen zu können.
Wovor Sie sich hüten müssen, ist, sich von Liebe und Harmonie einlullen zu lassen. Alles im Leben hat zwei Seiten. Zur Liebe gehört Auseinandersetzung und zur Harmonie Spannung. Nur wenn Sie das Gleichgewicht zwischen Harmonie und Spannung finden, ergibt sich vollendete Liebe.

Jupiter-Check
Wie habe ich Erfolg, inneres und äußeres Glück? Indem Sie verzeihen, lieben, empfangen und geben.
Wie kann ich helfen und heilen? Allein Ihre Nähe heilt.
Ihre Berührungen sind Labsal für Körper, Seele und Geist.

Jupiter im Skorpion – DAS GLÜCK DER TIEFE

Jupiterstärken Tiefgründigkeit, Spiritualität
Jupiterschwächen Exaltiertheit, Despotentum

Glück findet sich Ihrer Meinung nach auf dem Grund aller Dinge, nicht an der Oberfläche. Dieses Wissen haben Sie mit in die Welt gebracht. Es ist die Wahrheit, die Ihnen Ihr Jupiter verkündet und die Sie Ihrerseits weiterverbreiten. Sie kennen die Höhen und Tiefen menschlicher Existenz, und Sie lassen sich nicht blenden vom sogenannten schönen Schein.

Was die Welt wirklich zusammenhält, ist der ewige Kreislauf von Zeugung, Geburt, Leben und Tod. Alles war schon immer – und alles wird immer sein ... Daher nehmen Sie sich in besonderer Weise solcher Dinge an, die ausgegrenzt wurden aus diesem ewigen Kreislauf, aber unbedingt mit dazugehören. Zum Beispiel ist für Sie der Schatten ein notwendiger Teil des Lichts. Sie fühlen sich deshalb veranlaßt, sich für Schwächere einzusetzen oder aus der Gesellschaft Ausgeschlossene zu unterstützen. Sie wissen instinktiv, daß es dem Leben schadet, wenn nicht alle seine Seiten integriert werden. In Ihnen lodert das heilende Feuer Jupiters besonders stark und leidenschaftlich. Wie Pollux einst seinem toten Bruder Kastor in die Unterwelt folgte, um bei ihm zu sein, sind Sie bereit, die größten Unannehmlichkeiten auf sich zu nehmen, damit das Leben keinen Teil verliert. Sie sind daher der geborene Retter und Heiler, unabhängig davon, ob Sie diese Gaben in einem Beruf ausüben oder sie als selbstverständlichen Beitrag in Ihren Alltag einbringen.

Wovor Sie sich allerdings hüten sollen, ist, sich über das Schicksal zu stellen oder zu versuchen, ein unangenehmes, aber wichtiges Ereignis »ungeschehen« zu machen.

Jupiter-Check

Wie habe ich Erfolg, inneres und äußeres Glück? Durch Hinterfragen, In-die-Tiefe-Gehen, Abwarten und einfach Sein.

Wie kann ich helfen und heilen? Indem Sie sich derer annehmen, die von anderen Menschen ausgegrenzt werden.

Jupiter im Schützen – DAS GLÜCK DER HOFFNUNG

Jupiterstärken Idealismus, Expansion
Jupiterschwächen Schwärmerei, Naivität

Glück ist für Sie, unterwegs zu sein, auf Rädern, im Flugzeug, im Zug, auf dem Schiff. In Ihnen lebt die Geschichte aller fahrenden Völker, der Nomaden und Zigeuner, der Boten, herumziehenden Bader, Gaukler, Barden und Geschichtenerzähler. Letztlich ist es die große Suche, die Sie leitet und führt, die Suche nach dem ewigen Gral, nach Erleuchtung, nach der blauen Blume, nach der Quintessenz der Alchimie. Glaube ist für Sie Sehnsucht, Gott findet sich immer anderswo, auf dem Weg zu sein ist für Sie das Ziel.
So verbreiten Sie die Wahrheit des Vielen und nicht die des Einen. Deswegen sind Sie so tröstlich für diese Welt: Denn Sie kennen immer noch einen Weg, sehen stets eine weitere Möglichkeit. Nichts ist für Sie aussichtslos, viele Wege führen nach Rom, und kein Problem ist so groß, daß es nicht doch eine Lösung dafür gäbe.
Das Feuer, das Ihnen Jupiter in die Hände gibt, heißt »Hoffnung«, und wo immer Sie sind, keimt dieses Gut wie Samen in der Erde. Gegen Hoffnungslosigkeit, Borniertheit und Menschen, die anderen keine Chancen lassen, ziehen Sie regelrecht ins Feld. Auf Ihrem Banner stehen Gerechtigkeit und Menschenwürde, das sind Ihre fundamentalen Anliegen, für die Sie sich vehement einsetzen.
Wovor Sie sich hüten müssen, ist, das Kind mit dem Bade auszuschütten. In Ihrem heilsamen Krieg gegen die Blindheit der Menschen laufen Sie Gefahr, selbst blind und einseitig zu werden.

Jupiter-Check
Wie habe ich Erfolg, inneres und äußeres Glück? Durch die immerwährende Suche nach Sinn und Göttlichkeit.
Wie kann ich helfen und heilen? Durch Ihre hoffnungsvolle Art, Ihren Trost, Ihren Humor, Ihren Witz ...

Jupiter im Steinbock – DAS GLÜCK DES WISSENS

Jupiterstärken Führungsqualität, Ausdauer
Jupiterschwächen Lehrmeisterei

Glück ist für Sie, Ihre Arbeit getan zu haben und Ruhe und Sammlung dankbar zu genießen, ähnlich der Erde, die nach einer Phase der Dürre Regen dankbar aufnimmt. Glück ist für Sie aber auch, sich einer Sache vollständig zu verschreiben, ihr zu gehören, bis sie vollbracht ist. Darin gleichen Sie einem Bergsteiger, der nicht eher ruht, bis er auf dem Gipfel steht – und dort nach dem nächsten Ausschau hält. Sie sind daher ein Mensch, der sich selbst immer wieder antreiben und motivieren kann – nach höheren, größeren Zielen strebt.

Genauso können Sie anderen Vorbild und eine große Hilfe sein, zum Beispiel verzagten und ängstlichen Menschen. Sie sind auch eine Führungspersönlichkeit. Nicht eine, die durch große Reden andere zu beeindrucken sucht. Sie werden auch niemals andere voranschicken und selbst im Hintergrund warten. Sondern Sie gehen ihnen voraus. Um das zu leisten, was Sie sich vornehmen, brauchen Sie Kraft, Ausdauer, Zähigkeit. Daher trainieren Sie diese Eigenschaften, um sie zu verbessern.

Sie sind hart zu sich selbst, weil Sie wissen, daß Sie sich nicht schonen dürfen, wenn Sie Ihre Ziele erreichen wollen. Die gleiche Einstellung erwarten Sie allerdings auch von anderen, was manchmal dazu führt, daß diese Sie fürchten und Ihnen aus dem Weg gehen. Daher ist es für Sie wichtig zu erkennen, daß nicht alle Menschen aus dem gleichen (harten) Holz geschnitzt sind. Entwickeln Sie Geduld, Nachsicht und Toleranz für Ihre Mitmenschen, und Sie werden eines Tages den höchsten Berg bezwingen – den Berg der Weisheit.

Jupiter-Check

Wie habe ich Erfolg, inneres und äußeres Glück? Durch Arbeit und Übernahme von Verpflichtungen. Durch Demut. Durch Anstrengung und Leistung.

Wie kann ich helfen und heilen? Durch vorbildliches Verhalten. Durch richtige Führung.

Jupiter im Wassermann – DAS GLÜCK DES FORTSCHRITTS

Jupiterstärken Humanismus, Toleranz
Jupiterschwächen Autoritätskonflikte

Glück ist für Sie das Gefühl, vorwärtszuschreiten, nicht stehenzubleiben, sondern Ihren Idealen von einer besseren, gerechteren, liebevolleren Welt näherzukommen. Sie sind ein Utopist, beseelt von der Vorstellung einer Welt von morgen, in der Armut, Krankheit und anderes Leid überwunden sein werden. Und Sie unterstellen sich selbst dem Fortschritt, arbeiten für ihn, kämpfen für ihn.
Es geht Ihnen jedoch nicht allein um Ihre eigene Zukunft. Sie sind auch ein Menschenfreund, der immer an das Gute glaubt. Sie verfügen über ein großes soziales Verantwortungsbewußtsein. Und Sie suchen immer wieder nach neuen Aufgaben, bei denen Sie Schwächeren und Benachteiligten helfen können. Dabei unterstützen Sie die Eigenverantwortung und Autonomie jedes Menschen. Denn Sie wollen kein Helfer oder Missionar sein, der anderen in ihrer Not zwar hilft, sie aber in ihrer Unmündigkeit beläßt.
Ungleichheit zwischen den Menschen hassen Sie mehr als alles andere. Es fällt Ihnen daher auch schwer, unter einer straffen Hierarchie zu arbeiten und zu leben. Sie dulden keinen über, aber auch niemanden unter sich.
Das Feuer, das Ihnen Jupiter überreicht, ist die Kraft und Ihr Glaube an eine positive Zukunft. Das macht Sie für diese Welt besonders wichtig. Denn Ihrem Willen, Ihren Visionen ist es zu verdanken, daß wir uns immer weiterentwickeln und nicht stehenbleiben.
Von emotional geäußerter Kritik oder Ablehnung lassen Sie sich nicht irritieren, sondern arbeiten beharrlich an der Erreichung eines einmal gesetzten Zieles weiter.
Wovor Sie sich in acht nehmen müssen, ist, daß Sie das Alte nicht völlig verwerfen. Sie berauben sich sonst Ihrer eigenen Wurzeln. Dann ist aber auch der Fortschritt eine Illusion.

Jupiter-Check
Wie habe ich Erfolg, inneres und äußeres Glück? Durch Arbeit an einer besseren Zukunft.
Wie kann ich helfen und heilen? Durch Vermitteln von neuen Perspektiven. Durch solidarische Unterstützung. Durch Veränderung.

Jupiter in den Fischen – DAS GLÜCK DES SEINS

Jupiterstärken Liebe, Mitgefühl, Intuition
Jupiterschwächen »Helfersyndrom«

Glück bedeutet für Sie, eins zu sein mit der Schöpfung, so wie ein Tropfen, der ins Meer fällt, im Meer eins wird mit dem Ganzen. Ihr Leben richtet sich vollkommen nach dem Ideal der Selbstlosigkeit und dem Zurückstellen eigener Bedürfnisse hinter das Wohlergehen des größeren Ganzen.

Ihr Engagement für eine bessere, humanere, liebevollere Welt macht auch vor eigenen Konsequenzen nicht halt, und es kann sein, daß Sie, weil Sie beispielsweise Tiere als beseelt betrachten, kein Fleisch mehr essen. In besonderer Weise gilt Ihr Schutz all jenen, die selbst nicht in der Lage sind, sich zu schützen: Kindern, Kranken oder auch Tieren. Soziales Engagement ist für Sie kein Schlagwort, sondern ein selbstverständlicher Teil des Lebens.

Ihr Jupiter macht Sie sensibel für Ungerechtigkeit und Lieblosigkeit; und er schenkt Ihnen die Kraft und Fähigkeit, entsprechende Mißstände zu mildern. Sei es, daß Sie ein Arzt oder ein Krankenpfleger werden oder einer Umweltorganisation beitreten. Jupiter verleiht Ihnen eine besondere Magie, die Leid und Traurigkeit auflöst. Sie tun aber auch gut daran, diese besondere Fähigkeit weiterzuentwickeln, indem Sie Heilpraktiker werden oder sich mit Dingen beschäftigen, die Ihre Neigungen fördern.

Da Sie Ihre Aufmerksamkeit oft auf ferne Ideale legen, welche für Sie auch mit tiefempfundenen Gefühlen verbunden sind, macht Ihnen die Bewältigung des Naheliegenden und der Umgang mit der unmittelbaren, konkreten Wirklichkeit mitunter etwas Mühe. Des weiteren ist es wichtig, daß Sie sich als Helfer nicht mißbrauchen lassen. Sie sollten daran arbeiten, sich deutlicher abgrenzen zu können.

Jupiter-Check

Wie habe ich Erfolg, inneres und äußeres Glück? Durch Hingabe an das, was ist. Durch Liebe des Ganzen.

Wie kann ich helfen und heilen? Sie besitzen große heilerische Fähigkeiten, die Sie nur zum Fließen bringen müssen.

Das Saturnhoroskop –
ZUM LEUCHTENDEN DIAMANTEN WERDEN

In der Astrologie gilt Saturn weithin als Übeltäter, als Verkörperung des Schlechten und Bösen. Er scheint es darauf abgesehen zu haben, uns das Leben so schwer wie irgend möglich zu machen. Wie der Drache im Märchen verkörpert er Gefahr, Schrecken, ja, zuweilen sogar den Tod. Daher finden sich alte Abbildungen, auf denen Saturn als Skelett mit Sense zu sehen ist, das alles erbarmungslos niedermäht. Saturn kennt kein Mitleid, keine Gnade. Er wirft den Menschen ihr Schicksal vor die Füße – und es bleibt nichts anderes, als es zu nehmen und zu tragen.
Aber es existiert doch auch eine andere, eine positive Seite. Wenn Saturn einen plagt, schikaniert, an den Abgrund heranführt, dann hilft er ebenso, sich gegen die Unbilden des Schicksals zu wappnen. Saturn bietet daher die Chance, stark zu werden. Er »schmiedet« den Menschen, macht ihn hart, widerstandsfähig, ausdauernd. Wer immer etwas Großes erreicht in seinem Leben, der schafft es mit Hilfe Saturns und seiner (oft) grausamen Wechselbäder. Dort, wo in unserem Horoskop der Planet Saturn steht, müssen wir also lernen, in die Schule gehen, dort werden wir gestreckt und zusammengeschoben, kritisiert und tyrannisiert, trainiert und behindert – bis wir Perfektion erlangen. Perfektion, Vollkommenheit, Reinheit – vom Rohling zum Diamanten: So läßt sich das Wirken Saturns zusammenfassen.
Und dennoch geht es dabei keineswegs ausschließlich um Härte, Ausdauer, Übung, Verzicht und unermüdliches Arbeiten an sich selbst. Der Weg zur Vollkommenheit führt unmittelbar am Fluß der Gnade entlang. Die Arbeit mit und durch Saturn besteht nicht nur aus Ehrgeiz und läuft auch nicht allein nach dem Motto »Gelobt sei, was hart macht!« Vielmehr schließt der Weg zur Vollendung ebenso Demut mit ein. Saturn ist kein kalter, gemeiner, fordernder Feind, dem gegenüber es sich nur zu wappnen und zu rüsten gilt. Er verlangt – nein, er verdient – auch Ehrfurcht und Liebe.

DIE ERMITTLUNG DES SATURNZEICHENS

Suchen Sie in der folgenden Saturntabelle Ihren Geburtstag, und entnehmen Sie Ihr Saturnzeichen, das Sie auf den entsprechenden Text im Anschluß verweist. (Siehe auch die Vorbemerkung am Beginn von Teil II dieses Buches.)

Die Saturntabelle

1920* Jungfrau, **1921** 1.1.–8.10. Jungfrau, 9.10.–31.12. Waage, **1922** Waage, **1923** 1.1.–20.12. Waage, 21.12.–31.12. Skorpion, **1924** 1.1.–6.4. Skorpion, 7.4.–14.9. Waage, 15.9.–31.12. Skorpion, **1925** Skorpion, **1926** 1.1.–2.12. Skorpion, 3.12.–31.12. Schütze, **1927–1928** Schütze, **1929** 1.1.–15.3. Schütze, 16.3.–5.5. Steinbock, 6.5.–30.11. Schütze, 1.12.–31.12. Steinbock, **1930–1931** Steinbock, **1932** 1.1.–23.2. Steinbock, 24.2.–13.8. Wassermann, 14.8.–19.11. Steinbock, 20.11.–31.12. Wassermann, **1933–1934** Wassermann, **1935** 1.1.–14.2. Wassermann, 15.2.–31.12. Fische, **1936** Fische, **1937** 1.1.–24.4. Fische, 25.4.–18.10. Widder, 19.10.–31.12. Fische, **1938** 1.1.–13.1. Fische, 14.1.–31.12. Widder, **1939** 1.1.–5.7. Widder, 6.7.–23.9. Stier, 24.9.–31.12. Widder, **1940** 1.1.–19.3. Widder, 20.3.–31.12. Stier, **1941** Stier, **1942** 1.1.–9.5. Stier, 10.5.–31.12. Zwillinge, **1943** Zwillinge, **1944** 1.1.–19.6. Zwillinge, 20.6.–31.12. Krebs, **1945** Krebs, **1946** 1.1.–2.8. Krebs, 3.8.–31.12. Löwe, **1947** Löwe, **1948** 1.1.–18.9. Löwe, 19.9.–31.12. Jungfrau, **1949** 1.1.–3.4. Jungfrau, 4.4.–29.5. Löwe, 30.5.–31.12. Jungfrau, **1950** 1.1.–20.11. Jungfrau, 21.11.–31.12. Waage, **1951** 1.1.–7.3. Waage, 8.3.–13.8. Jungfrau, 14.8.–31.12. Waage, **1952** Waage, **1953** 1.1.–22.10. Waage, 23.10.–31.12. Skorpion, **1954–1955** Skorpion, **1956** 1.1.–12.1. Skorpion, 13.1.–14.5. Schütze, 15.5.–9.10. Skorpion, 10.10.–31.12. Schütze, **1957–1958** Schütze, **1959** 1.1.–5.1. Schütze, 6.1.–31.12. Steinbock, **1960–1961** Steinbock, **1962** 1.1.–3.1. Steinbock, 4.1.–31.12. Wassermann, **1963** Wassermann, **1964** 1.1.–23.3. Wassermann, 24.3.–17.9. Fische, 18.9.–15.12. Wassermann,

* Siehe auch die Anmerkung zur Mondtabelle.

16.12.–31.12. Fische, **1965–1966** Fische, **1967** 1.1.–3.3. Fische, 4.3.–31.12. Widder, **1968** Widder, **1969** 1.1.–29.4. Widder, 30.4.–31.12. Stier, **1970** Stier, **1971** 1.1.–18.6. Stier, 19.6.–31.12. Zwillinge, **1972** 1.1.–10.1. Zwillinge, 11.1.–21.2. Stier, 22.2.–31.12. Zwillinge, **1973** 1.1.–1.8. Zwillinge, 2.8.–31.12. Krebs, **1974** 1.1.–7.1. Krebs, 8.1.–18.4. Zwillinge, 19.4.–31.12. Krebs, **1975** 1.1.–16.9. Krebs, 17.9.–31.12. Löwe, **1976** 1.1.–14.1. Löwe , 15.1.–4.6. Krebs, 5.6.–31.12. Löwe, **1977** 1.1.–16.11. Löwe, 17.11.–31.12. Jungfrau, **1978** 1.1.–5.1. Jungfrau, 6.1.–25.7. Löwe, 26.7.–31.12. Jungfrau, **1979** Jungfrau, **1980** 1.1.–20.9. Jungfrau, 21.9.–31.12. Waage, **1981** Waage, **1982** 1.1.–28.11. Waage, 29.11.–31.12. Skorpion, **1983** 1.1.–6.5. Skorpion, 7.5.–24.8. Waage, 25.8.–31.12. Skorpion, **1984** Skorpion, **1985** 1.1.–16.11. Skorpion, 17.11.–31.12. Schütze, **1986–1987** Schütze, **1988** 1.1.–14.2. Schütze, 15.2.–31.12. Steinbock, **1989–1990** Steinbock, **1991** 1.1.–6.2. Steinbock, 7.2.–31.12. Wassermann, **1992–1993** Wassermann, **1994** 1.1.–28.1. Wassermann, 29.1.–31.12. Fische, **1995** Fische, **1996** 1.1.–6.4. Fische, 7.4.–31.12. Widder, **1997** Widder, **1998** 1.1.–8.6. Widder, 9.6.–24.10. Stier, 25.10.–31.12. Widder, **1999** 1.1.–28.2. Widder, 1.3.–31.12. Stier, **2000** 1.1.–9.8. Stier, 10.8.–15.10. Zwillinge, 16.10.–31.12. Stier, **2001** 1.1.–20.4. Stier, 21.4.–31.12. Zwillinge, **2002** Zwillinge, **2003** 1.1.–3.6. Zwillinge, 4.6.–31.12. Krebs

Saturn im Widder – ÜBER DIE KRAFT HERRSCHEN

Saturnstärken Ehrgeizig, machtvoll, führungsbegabt, durchsetzungsstark, edel
Saturnschwächen Rechthaberisch, sarkastisch, bösartig, bissig, gemein

In Ihrem Leben geht es darum, Ihre Wildheit zu bändigen, Ihre Emotionen zu zügeln und Ihren persönlichen Willen einem höheren Ziel, einer Idee mit allgemeinem Wert unterzuordnen. Beschreiben ließe sich Saturn als »Pferdeflüsterer« und das Widderzeichen als wildes Pferd, aus dem ein edles Wesen werden soll, das seinem Reiter seine feurige Energie voll und gern zur Verfügung stellt.
Es besteht allerdings auch die Variante, die Wildheit zu brechen und sie zu unterdrücken. Das machen viele Menschen mit Saturn im Widder. Sie verdrängen und vergessen ihre Wildheit und sind schließlich im Besitz eines, um es salopp auszudrücken, alten Kleppers. Die andere Möglichkeit bedarf großer Geduld und harter Arbeit an sich selbst. Man muß die Auseinandersetzung mit dem Leben als Läuterungsprozeß begreifen und Kritik nicht als Verhinderung oder Bösartigkeit des Schicksals, sondern als einen Wink Saturns nehmen. Und es ist notwendig, Emotionen, Wünsche und Sehnsüchte zu hinterfragen und dem Prozeß der Läuterung unterzuordnen.

Saturn-Check
Wo muß ich mich Saturn beugen? Ich muß mein Feuer zähmen und Geduld lernen.
Auf welchen Wegen führt mich Saturn zum Erfolg? Durch Verhinderung, Kritik und Strafe – damit ich vollkommen werde.

Saturn im Stier – ÜBER DIE LUST HERRSCHEN

Saturnstärken Beharrlichkeit, Festigkeit, Standhaftigkeit, Sparsamkeit
Saturnschwächen Geiz, Gefühllosigkeit, Sturheit, Gier, Neid, Existenzangst

Menschen mit Saturn im Stier nehmen sich vom Leben mehr, als ihnen zusteht, und leiden dann unter den Folgen. Man ißt und trinkt mehr, als man verdauen kann – und nimmt zu, setzt Fett an, bekommt Bewegungsprobleme und wird unter Umständen krank. Des Mammons wegen arbeitet man mehr und härter, als einem guttut – und wird nervös, gestreßt und ist zum Schluß arbeitsunfähig. Man legt sein Geld in Geschäften an, die man nicht übersieht – und zu guter Letzt ergeht es einem wie Hans im Glück: Man besitzt gar nichts mehr. Man lebt also über seine Verhältnisse, und das von Kindesbeinen an. Dramatische Auseinandersetzungen mit Eltern und anderen Erwachsenen sind die Folge, wobei zunächst immer die anderen die »bösen, versagenden und mißgünstigen« Menschen sind. Aber es ist Saturn, der einem das Leben schwermacht. Er verlangt Verzicht, und das gerade dort, wo das Leben am meisten Spaß macht. Das ist ein harter, mühsamer, frustrierender Weg. Auf der anderen Seite entwickelt man auf diese Weise eine besonders feine Sinnlichkeit, wird zum Genießer der kleinen Dinge und der wirklichen Köstlichkeiten des Lebens. Auf dem Weg dorthin hält einem Saturn jedoch jede »Verfehlung« vor: Wer uneingeschränkt seiner Lust folgt, bekommt dafür früher oder später die Rechnung.

Saturn-Check
Wo muß ich mich Saturn beugen? Ich darf meiner Lust und meinen Wünschen nicht nachgeben. Auch gegenüber sämtlichen materiellen Werten – Geld und Reichtum – bedarf es Aufmerksamkeit.
Auf welchen Wegen führt mich Saturn zum Erfolg? Durch Leid, Schmerzen, Versagung und Verhinderung, unter Umständen auch durch Krankheit.

Saturn in den Zwillingen – ÜBER DIE LEICHTFERTIGKEIT HERRSCHEN

Saturnstärken Klarheit, Überblick, das Wesentliche erkennen, literarisches Geschick, geistige Wendigkeit
Saturnschwächen Die Wahrheit verdrehen, Unsicherheit, Besserwisserei, Charakterschwäche

Ihre Aufgabe ist es, sich im Leben nicht zu verzetteln, die Wahrheit zu finden und nicht ihren Schein, Wissen zu erwerben, das wirklich nützlich ist. Sie gehen Ihr Lebtag lang in eine Schule, in der Sie lernen, immer besser zu werden, immer mehr Kenntnisse zu erwerben. Aber dieses »Besser« und dieses »Mehr« sind nicht einfach quantitativ gemeint. Es geht um einen großen Reifungsprozeß.
Was ist der Grund, Sie dermaßen streng zu disziplinieren? – In Ihrer Persönlichkeit findet sich ein unglaublich leichtfertiger Anteil. Aus der Sicht des (Über-)Lebens heraus braucht es daher eine andere, eben die saturnische Kraft, damit Sie sich nicht aus dieser Leichtfertigkeit heraus selbst schaden. In Ihrer Tiefenpsyche herrscht also ein berechtigter Zweifel an Ihren Kontrollfunktionen. Das ist der Grund für die Strenge Saturns. Wenn Sie mit Ihrem Saturn in den Zwillingen behutsam und richtig umgehen, dann »schleifen« Sie sich selbst, werden nicht überheblich, sondern orientieren sich an anderen und suchen sich Lehrer und Meister, die Ihnen helfen, vollkommener zu werden.
Worauf Sie noch achten müssen: Mit dieser Saturnstellung neigt man zu einsamen Entschlüssen. Sozusagen als Gegenreaktion auf die Leichtfertigkeit wird man zum Dogmatiker und Besserwisser, zu einem, der alles mit dem Kopf checkt. Eine solche Haltung entspricht nicht dem Wunsch Saturns.

Saturn-Check
Wo muß ich mich Saturn beugen? Ich muß lernen, Kritik konstruktiv zu nehmen. Ich muß über sämtliche Konsequenzen meines Verhaltens Bescheid wissen.
Auf welchen Wegen führt mich Saturn zum Erfolg? Durch Verhinderung, Mißerfolg und Demütigung.

Saturn im Krebs – ÜBER DIE GEFÜHLE HERRSCHEN

Saturnstärken	Selbstbeherrschung, seine Gefühle im Griff haben, zum Kern vordringen, Distanz, Wahrhaftigkeit, Zuverlässigkeit
Saturnschwächen	Gefühlskälte, Rückzug, Mißtrauen, Pessimismus

Ihr Saturn hat Sie auf eine besondere Lebensreise geschickt: Aus einem Wesen, das seinen Gefühlen und Instinkten folgt, soll ein Mensch werden, der sein Leben nach Einsicht, Wahrheit und höherem Wissen steuert. Der Weg ist überaus schwierig und schmerzlich. Saturn hat Ihnen nämlich Angst vor dem Glück und sogar vor der Liebe eingepflanzt. Als wäre es für Sie verboten, Zufriedenheit zu kosten. Als müßten Sie immer wieder die Erfahrung machen, daß das Leben bitter ist.
Woher kommen diese Ängste? – Ihre Psyche ist geprägt von traumatischen Erfahrungen. Es kann sein, daß diese Erfahrungen aus früheren Leben stammen. Es ist aber genauso möglich, daß Sie mit bestimmten existentiellen Erfahrungen Ihrer Ahnen verbunden sind. Jedenfalls lebt in Ihnen die Angst fort, Ihre Gefühle könnten mißbraucht werden, so wie es schon einmal geschehen ist. Deswegen mißtraut Saturn grundsätzlich allen Gefühlen. Es ist reiner Schutz. Sie sollen über die Gefühle hinauswachsen, unabhängig und frei von ihnen werden. Aber Sie dürfen Saturn auch nicht zum Alleinherrscher über Ihr Leben erheben und grundsätzlich vor Gefühlen davonlaufen. Sie sollen kluger, erfahrener ins Leben treten, damit Ihnen nichts Schlechtes widerfährt. Ziel Ihres Lebens ist, Ihre Vergangenheit zu überwinden, nicht vor ihr zu kapitulieren. Stellen Sie sich Ihren Gefühlen! Sie sind kein Kind mehr, das man verletzen kann. Sie sind eine erwachsene, starke Person!

Saturn-Check

Wo muß ich mich Saturn beugen? Ich muß lernen, über meine Gefuhle hinauszuwachsen.
Auf welchen Wegen führt mich Saturn zum Erfolg? Durch Angst, Schmerzen, Versagung und Leid.

Saturn im Löwen – ÜBER DAS EGO HERRSCHEN

Saturnstärken Selbstbeherrscht, erhaben, edel, vollendet sein
Saturnschwächen Arrogant, selbstherrlich sein

Mit Saturn im Löwen ist man dafür bestimmt, das Höchste anzustreben – und muß doch immer wieder die Erfahrung machen, ganz unten zu sein. Diese Saturnposition schmiedet Menschen, die Ruhm und Ehren erwerben, Meister und Führungspersönlichkeiten. Aber der Weg dorthin ist beschwerlich; es muß viel erduldet, durchgemacht und verstanden werden. Das Leben pendelt zwischen Macht und Ohnmacht, zwischen Stolz und Scham hin und her. Allmählich entwickelt man Angst vor Macht, Verantwortung und Erfolg – und wird doch auch regelrecht davon angezogen.
Saturn im Löwen kann mit der Zeit zu Unlust dem Leben gegenüber führen. Dagegen muß man dann selbst »zu Felde ziehen«. Zuvor braucht es die Einsicht, was Saturn eigentlich bezwecken möchte. Diese Saturnposition ist die Folge von Machtmißbrauch. Vielleicht hat man in einem früheren Leben versagt, die Verantwortung nicht übernommen. Vielleicht trägt man aber auch an einer Schuld der eigenen Ahnen.
Saturn im Löwen »erzieht« einen dazu, sein Wirken, sein Verhalten und Sein zu überdenken und hinsichtlich sämtlicher Konsequenzen zu verantworten. Dazu gehört im besonderen das Verhalten als Vater bzw. Mutter den eigenen Kindern gegenüber. Man muß die Verantwortung selbst dann übernehmen, wenn man nach gängiger Meinung davon freigesprochen wird, wie zum Beispiel bei einer Krankheit oder einem Unfall.

Saturn-Check
Wo muß ich mich Saturn beugen? Ich muß lernen, Verantwortung zu übernehmen.
Auf welchen Wegen führt mich Saturn zum Erfolg? Er behindert mich, ich werde gedemütigt, kritisiert.

Saturn in der Jungfrau – ÜBER DEN KÖRPER HERRSCHEN

Saturnstärken Treue, Anhänglichkeit, Arbeitseifer, Selbstkontrolle, Genügsamkeit
Saturnschwächen Ernst, Pedanterie, Kritiksucht

Wenn sich Saturn in der Jungfrau niederläßt, trifft Kontrolle auf Kontrolle. Denn allein das Zeichen Jungfrau bedeutet, daß man seine Gefühle, seine Triebe, seinen Sex, seinen gesamten Körper im Griff hat. Wenn dann Saturn noch hinzukommt, verdoppelt sich die vorsichtige und kritische Einstellung. Bei dermaßen viel Skepsis muß in der Vergangenheit (in einem früheren Leben, in der eigenen Ahnenreihe) etwas geschehen sein, das große Angst hervorgerufen hat: Angst vor Sexualität und dem damit verbundenen Akt der Zeugung, Angst vor Schwangerschaft und Geburt. Saturn in der Jungfrau verweist auf ein »Versagen« in diesem Bereich: Vielleicht mußte eine Schwangerschaft abgebrochen werden, möglicherweise kam ein Kind tot zur Welt, oder beide, Mutter und Kind, kamen zu Tode.
Saturn in der Jungfrau schiebt jetzt einen Riegel vor Sex und Zeugung, blockiert die Gefühle, verringert die Lust, versucht, aus dem »Tiermenschen« mit seiner Abhängigkeit von Lust und Trieben einen Homo sapiens im wahrsten Sinne des Wortes, einen »weisen« Menschen, zu machen. Saturn verhindert also und weckt zugleich die Sehnsucht, das Körperhafte des Lebens zu transformieren, ein Wesen zu sein, dessen Energie nicht den Lenden, sondern dem Geist entspringt. Das heißt beileibe nicht, gleich in ein Kloster zu ziehen. Aber sich mit diesem Thema auseinanderzusetzen, das bleibt niemandem erspart, der Saturn in der Jungfrau hat.

Saturn-Check

Wo muß ich mich Saturn beugen? Ich muß lernen, meine Lust zu kontrollieren.
Auf welchen Wegen führt mich Saturn zum Erfolg? Durch Versagen, Enttäuschung, Krankheit und – last, not least – Einsicht.

Saturn in der Waage – ÜBER DIE LIEBE HERRSCHEN

Saturnstärken Gerechtigkeitssinn, Ausgewogenheit, wahrhaftig lieben können
Saturnschwächen Disharmonie, Unzufriedenheit, Gefühlskälte, Einsamkeit

Saturn in der Waage bedeutet die lebenslange Aufforderung, nach der »richtigen, wahren« Liebe zu suchen. Ihr gilt das ganze Sehnen und Streben. Um sie zu finden, müssen jede Menge Enttäuschungen verkraftet werden. Denn was man für Liebe hält – den Rausch der Sinne, überwältigende Gefühle, Herz und Schmerz –, hat vor Saturn noch lange keinen Bestand. In seinen Augen heißt Liebe, daß sich Ich und Du, der eine und der andere, gleichwertig gegenübertreten. Niemand ist kleiner oder größer, gescheiter oder dümmer, wichtiger oder unbedeutender, reifer oder naiver. Das klingt einfach und ganz selbstverständlich, ist es aber nicht. Menschen haben von Natur aus das Bestreben, sich selbst zu verwirklichen, andere (und dazu zählen auch Partner) hingegen hintanzustellen. Darüber hinaus besteht Saturn auf Zuverlässigkeit. Vor ihm zählt noch das »eherne Gesetz«: »... bis daß der Tod uns scheidet!«
Es müssen gravierende Dinge geschehen sein (in einem früheren Leben, in der Ahnenreihe), daß jetzt Saturn persönlich über die Liebe wacht. Es kam zu unwürdigem Verhalten. Jemand wurde im Stich gelassen. Die Liebe wurde verraten. Herzen wurden gebrochen ... Jetzt »zahlen« Sie dafür. Aber es ist keine Rache oder Strafe. Saturn macht Sie stark, damit Sie die gleichen Fehler vermeiden. Er bringt Sie auf den Weg, und er läßt Sie leiden, solange Sie nicht angekommen sind.

Saturn-Check
Wo muß ich mich Saturn beugen? Ich muß lernen, verbindlich zu sein.
Auf welchen Wegen führt mich Saturn zum Erfolg? Durch »falsche« Liebe, Liebeskummer und Alleinsein.

Saturn im Skorpion – ÜBER DIE VERGÄNGLICHKEIT HERRSCHEN

Saturnstärken Tiefe, Zugehörigkeit, Willenskraft, Verbundenheit mit den Ahnen
Saturnschwächen Engstirnigkeit, Fanatismus

Saturn im Skorpion verweist auf tragische, leidvolle Erfahrungen. Könnte man sein Leben rückwärts ablaufen lassen, so würden rasch Szenen auftauchen, in denen man auf der Flucht, vertrieben, ohne Heimat, ohne Zugehörigkeit, ohne Familie ist. Auch bei den Ahnen, den Eltern, Großeltern und noch weiter zurück herrschen diese Themen vor. Man hat keine richtigen Wurzeln, kein Erbe, das man übernehmen, keine Fußstapfen, in die man treten kann. Wenn man zurückschaut, finden sich Leben ohne Glanz, ohne Würde, ohne Höhepunkte. Daher drängt einen Saturn mit aller Macht dazu, seinem Leben einen Wert zu verleihen. Denn das Gefühl, daß die eigenen Ahnen ein würdeloses Leben führen mußten, formt sich in den Seelen der Nachkommen zu einem großen, mächtigen Anspruch, es besser zu machen, den Gipfel zu ersteigen.
Saturn im Skorpion veranlaßt einen, die dünnen Fäden aus der Vergangenheit aufzuspüren und im Lauf des Lebens ein Netz daraus zu knüpfen – um so wieder einen Halt zu finden. In der Weise, wie man sich umdreht und vor der Vergangenheit verneigt, bekommt man eine Verbindung zu den Ahnen und der eigenen Vergangenheit und erhält Kraft und Wissen. Das ist der »Dank der Ahnen«. Weil man sich ihrer annimmt, erfährt man ihren Schutz, steht nie allein im Leben. Hinter einem steht die Kraft der Vergangenheit.

Saturn-Check
Wo muß ich mich Saturn beugen? Ich muß mich vor der Vergangenheit verneigen.
Auf welchen Wegen führt mich Saturn zum Erfolg? Durch hohe Ansprüche an mich selbst und mein Leben.

Saturn im Schützen – ÜBER WAHRHEIT UND WISSEN HERRSCHEN

Saturnstärken Pioniergeist, Mut, Weisheit, Stärke, Wahrhaftigkeit
Saturnschwächen Dünkel, Zynismus, Grausamkeit

Saturn im Schützen bedeutet eine Reise zu sich selbst. Es ist, als würde dieser Planet zu einem sagen: »Such deinen eigenen Weg! Laß dich nicht von anderen beeinflussen. Hör nur auf dich ...!« Diese starke Hinwendung zu sich selbst und gleichzeitige Abkehr von anderen beruht auf einer Reihe großer Enttäuschungen in der Vergangenheit (der eigenen bzw. derjenigen der Ahnen), bei denen der Glaube an andere Menschen verlorenging: Vielleicht versagte ein Arzt, es unterlief ihm ein Fehler, oder er gab sich zuwenig Mühe. Vielleicht wurde man auch in seinem Glauben zutiefst erschüttert, weil »Gott« etwas Schreckliches zuließ, einem nicht beistand. Es gehört auch zur Vergangenheit von Menschen mit Saturn im Schützen, daß man – um zu überleben – seinem Glauben abschwören mußte. Jedenfalls bestand am Anfang eine große Hoffnung, die schließlich in eine große Enttäuschung mündete.
Mit Saturn im Schützen hat man einen Vertrauten an seiner Seite, einen, der hilft, derartige Enttäuschungen zu vermeiden. Mit diesem Saturn ist man von vornherein skeptisch. Man kommt bereits mit Mißtrauen auf die Welt, und im Lauf der Jahre gewöhnt man sich immer stärker daran, alles in Frage zu stellen. Man wird ein Mensch, der zwischen Illusion und Wahrheit genau unterscheiden kann. Man wird weise.

Saturn-Check
Wo muß ich mich Saturn beugen? Ich muß lernen, mir selbst immer mehr zu vertrauen.
Auf welchen Wegen führt mich Saturn zum Erfolg? Durch Enttäuschungen, Fehlschläge und Irrwege.

Saturn im Steinbock – ÜBER SICH HERRSCHEN

Saturnstärken Klarheit, Standhaftigkeit, Verantwortlichkeit, Führungskompetenz, Selbstbeherrschung
Saturnschwächen Kälte, Rücksichtslosigkeit, Einsamkeit

Mit dieser Position besitzt man einen besonders mächtigen Saturn. Das beruht darauf, daß er der regierende Planet des Tierkreiszeichens Steinbock ist. Man sagt, er sei dort zu Hause und könne sich gut entfalten, seine Kraft verdoppelt sich im Steinbock. Auf der einen Seite führt das dazu, daß Sie kontinuierlich an einer Lebensaufgabe arbeiten. Sie lautet: etwas Großes im Leben vollbringen! Auf der anderen Seite führt diese doppelte Saturnkontrolle dazu, sich selbst zu mißtrauen: Sie haben Angst vor sich selbst, Ihren Gefühlen, Ihren Absichten, Ihrem Tun.
Diese Angst hat ihre Wurzeln in der Vergangenheit (in einem früheren Leben, im Leben Ihrer Ahnen), in der Sie bzw. Ihre Vorfahren ausgenutzt, manipuliert oder sogar mißbraucht wurden. Zu denken ist auch an Verführung oder gewalttätigen Mißbrauch von Kindern, wohl die verwerflichste Untat. Irgend etwas dieser Art ist geschehen, daß Sie sich heute nicht mehr selbst vertrauen. Für Sie sind Menschen gefährlich, unberechenbar, zu allem fähig.
In der Weise, wie Sie älter werden und sich selbst beweisen, daß das Leben, Sie, die anderen berechenbar sind, werden Sie neues Vertrauen schöpfen. Sie werden neue Gefühle entdecken, Gefühle, die weniger aus dem Bauch, sondern aus dem Herzen kommen. Sie können lieben und mit anderen Menschen zusammensein. Aber Sie können auch allein sein. Sie sind unabhängig, selbständig, und Ihr Leben wird getragen von Stimmigkeit und Zufriedenheit.

Saturn-Check
Wo muß ich mich Saturn beugen? Ich muß lernen, Herr meiner selbst zu sein.
Auf welchen Wegen führt mich Saturn zum Erfolg? Durch Angst, Vorsicht, Enttäuschung.

Saturn im Wassermann – ÜBER DAS CHAOS HERRSCHEN

Saturnstärken Individualität, Erfindertum, Menschlichkeit
Saturnschwächen Chaotisch, verwirrt und verrückt sein, Hochstapelei

Menschen mit Saturn im Wassermann suchen etwas besonders Wertvolles im Leben, nämlich Individualität. Individualität ist kostbar. Zwar sagt man leicht dahin, jeder sei ein Individuum. Aber das ist hier nicht gemeint. Ein Individuum in diesem Sinne besitzt einen ganz eigenen Charakter, etwas völlig Besonderes und Einmaliges. Dadurch unterscheidet sich der einzelne von allen anderen Menschen, vergleichbar einem einzeln stehenden Baum in einer Landschaft.
Dieser Wunsch nach Individualität ist uralt. Sie tragen ihn schon lange (viele Leben, durch Generationen hindurch) mit sich herum. Sie sind aus der Gesellschaft ausgebrochen, haben Ihre Familie verlassen – immer auf der Suche nach Freiheit, nach Individualität. Sie haben Menschen mit anderem Glauben, aus anderen Ländern und aus anderen sozialen Schichten geliebt. Kinder kamen, noch bevor ein längeres Zusammenleben überhaupt zur Diskussion stand. Sie selbst entstammen letztendlich einer derartigen »Augenblicksverbindung«. Sie verdanken Ihr Leben einem »Zufall«, einer Laune des Lebens und der Spontaneität und Freiheit Ihrer Vergangenheit.
Aber Sie waren auch blind und unwissend und erlebten daher grandiose Irrungen und Verwirrungen. Sie erlitten die große Angst vor dem Chaos, vor einem Sein ohne Ordnung und Sicherheit. Sie wurden ausgestoßen und verbannt, verjagt und geächtet. – Jetzt begleitet Sie Saturn. Sie werden Ihr freies Leben fortführen und sich dabei immer sicherer am Chaos vorbeimanövrieren.

Saturn-Check
Wo muß ich mich Saturn beugen? Ich muß lernen, meine Individualität zu leben, ohne im Chaos unterzugehen.
Auf welchen Wegen führt mich Saturn zum Erfolg? Durch Reinfall, Bruchlandung und Fehlentscheidung.

Saturn in den Fischen – SEIN MITGEFÜHL BEHERRSCHEN

Saturnstärken Toleranz, Opferbereitschaft, Weitblick, Visionen
Saturnschwächen Ich-Schwäche, Isolation, Selbstzweifel

Saturn in den Fischen bedeutet ein Geheimnis. Wie im Märchen wird Ihnen aufgetragen, sich auf eine Reise zu begeben. Wohin? Vielleicht zum Ende des goldenen Regenbogens. Oder ans Ende der Welt. Oder nirgendwohin. Mit Saturn in den Fischen ist einem zwar ein Geheimnis in die Wiege gelegt – aber mehr weiß man nicht. Das Geheimnis hat damit zu tun, daß in Ihrer Vergangenheit (in einem früheren Leben, in Ihrer Ahnenreihe) jemand verschwiegen wurde: ein Kind, eine andere Frau, der richtige Vater ... Dieses verleugnete, verschwiegene, verheimlichte Leben fehlt jetzt Ihrer Seele, und sie sucht danach, ohne daß Sie es selbst bewußt wahrnehmen.
In Ihrer Vergangenheit existieren solche Geschehnisse. Von daher haben Sie ein besonderes »Organ« für Unrecht und Lüge. Wo immer in dieser Welt Unrecht geschieht, leiden Sie mit. Jedes Leid zieht Sie regelrecht an. Aber das hat auch fatale Folgen für die Liebe. Sie neigen dazu, sich einen Partner zu suchen, der ganz besonders der Liebe bedarf, weil er unglücklich ist. Dann können Sie ihm – so glauben Sie zumindest – all das angedeihen lassen, was in der Vergangenheit nicht geschehen ist: grenzenlose Liebe. Sie nehmen ihn an. Sie sind für ihn da. Sie verstoßen ihn nicht.
Aber das ist der falsche Weg. Sie müssen mit der Vergangenheit fertig werden und sie nicht ständig vor sich hertragen. So wiederholen Sie Ihr Karma nur. Sie müssen nicht aufhören, andere zu lieben. Aber Sie dürfen das rechte Maß nicht aus dem Auge verlieren.

Saturn-Check
Wo muß ich mich Saturn beugen? Ich muß mich mit meiner Vergangenheit auseinandersetzen.
Auf welchen Wegen führt mich Saturn zum Erfolg? Durch Desillusionierung und Enttäuschung.

Info:

IHR PROFESSIONELL ERRECHNETES HOROSKOP

Im Computerzeitalter ist es ein leichtes, die exakte Horoskopzeichnung eines Menschen in Sekundenschnelle anzufertigen, wenn man die dazu erforderlichen Daten (siehe unten) eingegeben hat. Es dauert auch nicht lange, bis der Rechner dann die entsprechenden Deutungen aus Textbausteinen zusammenstellt. Daher gibt es inzwischen zahlreiche Anbieter, bei denen Sie mehr oder weniger preisgünstig Horoskope mit und ohne Interpretation erhalten können.
Beim Verfasser dieses Buches kann man gegen Vorauszahlung von 20,– DM/10,– Euro (in bar oder als Scheck; ab 2002 bitte in Euro) ein Geburtshoroskop (nur Zeichnung) bestellen. Bitte Name, Adresse, Geburtstag, Geburtszeit (gegebenenfalls beim Standesamt des Geburtsortes erfragen) und Geburtsort (bei kleineren Orten auch zusätzlich die nächste größere Stadt) angeben.
Wenn Sie möchten, können Sie hier auch eine vom Computer erstellte Persönlichkeitsanalyse anfordern. Der Preis für die etwa zwanzig Seiten umfassende Interpretation beträgt 60,– DM/30,– Euro inklusive Horoskop.
Sie können ebenso eine vom Computer berechnete Jahresprognose bestellen. Die kleine Vorausschau (zirka 15 Seiten, nur langsam laufende Planeten) kostet 60,– DM/30,– Euro. Die große Vorausschau (etwa 50 Seiten mit Merkur, Venus und Mars) kostet 80,– DM/40,– Euro (bitte Zeitraum angeben).
Sie haben dann eine zuverlässige Vergleichsmöglichkeit und können Ihre ganz individuellen Prognosen mit Büchern wie diesem abstimmen.

Die Adresse:

Erich Bauer
Postfach 22 11 15

80501 München